KB034083

라틴아메리카 원주민의
어제와 오늘

중남미지역원 라틴아메리카 문화지도 **04**

라틴아메리카 원주민의 어제와 오늘

구경모 · 안태환 · 이태혁 · 임두빈 · 정이나 · 차경미 지음

산지니

머리말

　라틴아메리카는 발견 이후 항상 세계사적 변혁의 중심에 서 있다. 이 지역은 지리적인 다양성과 다면적인 역사를 토대로 형성된 혼종문화로 인해 우리에겐 역동적인 대륙으로 인식되고 있다. 중남미 대륙이 라틴아메리카, 인도아메리카, 메소아메리카, 아프로아메리카 그리고 유로아메리카 등 다양한 명칭으로 불리는 것은 특정한 시기의 역사성과 언어만으로는 이 지역에 대한 설명이 부족하다는 것을 말해준다. 따라서 라틴아메리카 지역을 연구하는 우리들도 이 지역을 매개로 대중과 어떤 방식으로 소통할 수 있을지 늘 고민하게 된다. 우리와 동시대를 살아가고 있지만 이방인으로 다가올 수밖에 없는 라틴아메리카인들과 어깨를 마주하고 일상을 공유할 수 있는 방법을 찾는 것은 쉬운 일이 아니다. 특히 오랜 시간 속에 축적되어온 그들의 삶을 이해하는 것은 한 가지 방식으로만 풀리지 않는 다차원 방정식과도 같다.

　그동안 중남미지역원은 인문한국(HK)사업의 일환으로 라틴아메리카 사회변동의 매트릭스를 구축하기 위한 연구를 수행해오고 있다. 그리고 축적된 연구성과를 바탕으로 시민강좌를 통해 대중과 소통하기 위한 노력도 지속해오고 있다. 그러나 전문적인 학술연구 성과가 중남미지역에 대한 대중의 지적 욕구에 다가서기에는 다소 무리가 따른다는 사실을 경험하였다. 따라서 중남미지역원은 강좌를 통해 전달하는 방식이 가지는 한시성을 극복하고 대중과 지적 공감대를 형성할 수 있는 장을 마련하기 위해 교양도서로서 라틴아메리카 문화지도 시리즈를 출간하고 있다. 전문 학술 총서와 별도로 교양도서는 대중이 라틴아메리카 대륙을 보고, 만나고 느낄 수 있는 공간으로 활용될 것이다.

이 책은 라틴아메리카의 역사와 문화에 대한 이해를 돕기 위해 기획된 라틴아메리카 문화지도 시리즈 4편으로서 '원주민의 역사와 문화'에 관한 내용으로 구성되어 있다. 1부는 원주민의 개념과 정체성 및 원주민의 풍습과 세계관을 서술하였다. 2부에서는 아마존 안데스, 그리고 중앙아메리카 원주민의 현실 그리고 철학과 실천을 통해 원주민의 어제와 오늘을 이해하고자 하였다.

부산외국어대학교 중남미지역원

차례

2부 원주민의 현실과 철학 그리고 실천

1부
원주민의 일상 그리고 풍습

아이마라 원주민은 누구인가?

과라니의 세계관과 신화

브라질 원주민의 일상생활과 풍습

아이마라 원주민은 누구인가?

원주민은 누구?

    흔히 라틴아메리카에는 순수한 원주민과 문화가 존재하지 않는다고 주장한다. 300년의 스페인 식민통치는 라틴아메리카의 혼종의 역사와 문화를 형성하였다. 따라서 원주민은 누구인가에 대해 한마디로 정의한다는 것은 매우 어렵다. 나라마다 원주민을 의미하는 바가 다르기 때문이다.

원주민 분포도

출처: https://www.google.co.kr/search?q=poblacion+indigena

원주민 종족집단을 구별하는 기준은 학자마다 다르며 또한 학자마다 종족집단의 수도 다르게 나타난다. 그러나 공식적으로 라틴아메리카와 카리브 해 지역에는 400여 종족의 원주민 종족집단이 있는 것으로 알려져 있다. 주요 원주민 분포 국가는 고대 문명의 중심지였던 멕시코와 과테말라 그리고 페루와 볼리비아다. 현재 가장 많은 원주민 인구가 분포되어 있는 국가는 페루이며 볼리비아가 그 뒤를 이어가고 있다.

페루와 볼리비아의 경우 원주민은 인종보다는 사회계급의 의미를 보다 더 강하게 내포한다. 원주민이 농민이며 또한 농민이 원주민인 것이다. 그러나 라틴아메리카 전체를 놓고 볼 때 원주민의 개념이 페루와 볼리비아의 경우와 반드시 일치하지 않는다. 모든 농민이 원주민이 아니며 원주민을 사회 계급으로만 이해할 수는 없기 때문이다.

원주민 개념에 대한 다양한 논의와 함께 1980년대 이후 원주민은 공동의 지리적 기원, 언어, 종교, 관습 및 신체석 특징을 기준으로 정의되었다. 특히 언어는 원주민에 대한 개념정의에 있어서 중요한 판단기준이 되고 있다. 이미 공식 언어인 스페인어를 일상생활에서 사용하고 있는 원주민이 존재한다는 점에서 언어만으로 원주민을 정의하기에 다소 무리가 따른다. 그럼에도 불구하고 언어는 보편적으로 원주민의 정체성 규정에 중요한 기초로 작용하고 있다. 언어와 함께 오늘날에는 자신 스스로를 원주민으로 규정하는 자기 판단이 원주민 규정에 중요한 기준으로 활용되고 있다.

학자들의 연구 결과를 기초로 대표적인 원주민 국가에서 현재까지 사용되고 있는 고유 언어로는 케추아(Quechua), 아이마라(Aymara), 나우아틀(Nahuatl) 그리고 키체(Quiché)어로 정리해 볼 수 있다. 사용 언어를 기준으로 라틴아메리카 전체 원주민 인구 대비 종족별 분포

페루 리마
께추아 원주민

과테말라
끼체 원주민

안데스 산맥 콜롬비아
커피재배지 농민

율을 국가별로 살펴보면 다음과 같다. 우선 페루의 원주민은 케추아와 아이마라족이 대표적이다. 각각 30%와 22%를 차지하고 있다. 볼리비아 역시 케추아족 39% 그리고 아이마라족이 24%로서 원주민의 절대다수를 형성하고 있다. 1%의 소수 과라니족(Guaraní)도 거주하고 있다. 멕시코의 경우 나우아틀어를 사용하는 원주민이 23%로 가장 큰 비중을 차지하고 있다. 그 뒤를 이어 마야(Maya) 14% 그리고 믹스테코(Mixteco)어 사용 원주민이 7%이다. 과테말라는 키체족이 대표적이며 15%를 차지한다. 또한 칵치켈(Cakchiquiel) 10% 그리고 맘(Mam)마야(Maya)족이 8%에 이른다.

아이마라 원주민은 어디에?

해발 3800미터 안데스 산맥 볼리비아

안데스 산맥 지역은 스페인 정복 이전부터 티티카카(Titicaca) 호수를 중심으로 역동적인 사회가 성장하였다. 알티플라노(Altiplano) 남쪽에는 비스카차니(Viscachani), 왕카라니(Wankarani) 그리고 치리파(Chiripa)로 불리는 고대문화가 발전하였다. 북쪽으로는 차빈(Chavín), 나스카(Nazca), 모체(Moche) 그리고 와리(Wari)와 같은 문화가 성장하였다. 이러한 문화는 고대 잉카문명 형성의 모체가 되었다.

원주민들은 경쟁과 협력하며 공존이라는 상호성에 기초하여 자유로이 이동하였다. 인구의 이동은 새로운 경제체계 구축에 기반이 되었다. 이러한 과정을 통해 고지대에서 저지대 군도 및 평원 그리고 해안까지 원주민의 분포는 확산되었다.

안데스 산맥 지역은 다양한 종족의 원주민 집단이 공존하고 있다. 특히 페루와 볼리비아는 라틴아메리카에서 원주민 인구가 집중적으로 분포되어 있는 대표적인 국가다. 페루의 원주민 인구는 라틴아메리카 전체 원주민의 27%를 차지하며 볼리비아는 12%의 원주민이 분포되어 있다. 양국을 대표하는 원주민은 케추아족과 아이마라족이다.

케추아족은 현재 페루를 중심으로 아르헨티나, 볼리비아, 칠레, 콜롬비아, 에콰도르에 걸쳐 분포한다. 그리고 잉카 문명의 역사를 이어가고 있다. 아이마라족은 볼리비아를 대표하는 원주민으로서 잉카문명과는 별도로 알티플라노 지역에서 성장한 티우아나코(Tiahuanaco) 문명을 형성하였다.

아이마라 원주민은 티티카카 호수 남쪽 볼리비아의 수도 라파스(La Paz)와 오루로(Oruro) 주에 주로 거주한다. 현재 볼리비아의 아이마라어 사용자는 160만 명에 이른다. 페루 경우 아이마라 원주민은 푸노(Puno)를 포함하여 탁나(Tacna), 모케과(Moquegua)와 아레키파(Arequipa) 지역에 분포되어 있다. 2000년대 초반 페루의 통계자료에 의하면 아이마라어 사용자는 대략 30~50만 명으로 추정된다. 칠레는 국경지역 아리카(Arica), 이키케(Iquique) 그리고 안토파카스타(Antofagasta)를 중심으로 대략 4만 8천 명이 아이마라어를 사용하고 있는 것으로 알려져 있다. 또한 아르헨티나의 살타(Salta)와 후후이(Jujuy) 지역 소수의 원주민이 아이마라어를 사용하고 있다.

페루와 볼리비아 양국은 해발 3600미터 세계 최고 고지에 위치한 티티카카 호수를 둘러싸고 접경을 형성하고 있다. 양국의 접경지역은 아이마라 원주민의 주요 삶의 터전이다. 1936년 양국의 국경선이 확정되어 혈연관계의 아이마라 원주민은 서로 다른 국적 아래 놓이게 되었다. 그럼에도 불구하고 이들은 동일 언어를 바탕으로 종족으로서의 강한 유대감을 유지하며 살아가고 있다.

아이마라 원주민 분포지역

티티카카 호수 주변 원주민 마을

아이마라 원주민의 정체성

식민의 역사와 공화국 건설의 경험을 통해 원주민 문화는 변형되거나 일부 기능화되었다. 또한 원주민의 역사는 부분적이거나 단절되었다. 페루, 볼리비아, 칠레 그리고 아르헨티나에 이르기까지 광활한 영토에 분포되어 있던 아이마라 원주민은 20세기 초 각국의 새로운 문화 정책에 동원되었다. 그리고 이들의 권위와 조직은 축소되었다.

그럼에도 불구하고 서로 다른 국적 아래 분리된 아이마라인은 동일 언어를 바탕으로 정서적 유대감을 유지해왔다. 아이마라 사회에서 언어는 종족의 정체성을 구성하는 가장 중요한 요소로 작용하고 있다.

동일한 언어 사용은 종족의 근원적 유대를 설명하는 데 있어서 매우 중요한 근거로 활용된다. 다양한 종족이 공존하고 있는 라틴아메리카 대륙에서 동일한 언어를 사용한다는 이유만으로도 정서적 유대감은 강하게 표출된다. 학자들이 언어와 종족 간의 상호관계에 관심을 기울이는 이유도 언어가 문화적으로 종족의 근거를 대표하기 때문이다. 자신의 언어 구사력 상실은 역시 정체성의 상실과 관련 있다고 볼 수 있다.

현재 원주민 언어는 원주민이 집중적으로 분포되어 있는 지역에서만 주로 사용되고 있다. 식민지배 이후 공용어로 자리 잡은 스페인어는 독립 이후에도 라틴아메리카 지역 공용어의 지위를 유지하였다.

새로운 국가건설 과정에서 원주민 언어는 국가통합의 수단으로 활용되었고 공용어 정책 속에서 원주민 언어는 그 역할도 변화하였다.

볼리비아 오루로 지역 야마

그러나 스페인어를 습득하여 아이마라어를 구사하지 못하는 도시 이주 원주민과 그의 자손은 자기 판단에 의해 자신을 원주민으로 규정하고 있다. 이러한 사례에서 알 수 있듯이 종족의 정체성을 유지하기 위해서 반드시 동일 언어를 공유해야만 하는 것은 아니다. 현실적으로 "종족집단의 경계와 언어사용의 분포가 일치하지 않는 경우"가 있기 때문이다.

종족의 정체성은 단지 기억의 재생산에만 의지하는 것이 아니라 기본적으로 자기가 속한 집단과 타 집단과의 상호작용에 의해서 결정된다. 정체성 형성 과정에서 타 집단과의 관계는 매우 중요하게 작용한다. 아이마라 원주민의 정체성 형성은 같은 공간의 케추아족과의 경쟁관계에서 형성되었다.

볼리비아 수도 라파스 아이마라 원주민

인간은 통상적으로 주어진 상황에 따라 자신에게 가장 합당한 정체성을 선택한다. 따라서 인간은 다양한 정체성의 경계 내에 놓일 가능성이 있다. 아이마라 원주민 개인의 정체성은 자기 판단에 따른 심리적인 것이라고 볼 수 있다. 결국 아이마라 원주민은 공통의 언어를 기초로 신체적 특징 및 자기 판단을 통해 자신의 정체성을 규정할 수밖에 없다.

20세기 중반 라틴아메리카 정부는 원주민 통합정책을 바탕으로 원주민 공동체에 대한 토지개혁을 추진하였다. 통합은 정부가 원주민을 시장경제로 편입시키는 정책적 수단이었다. 이러한 과정에서 원주민과 공동체는 일정 부분 물질적 이윤을 획득할 수 있었다.

신자유주의 확산 이후 사회적 불평등은 특히 원주민에게 극단적

으로 나타났다. 현실적으로 사회는 이분법적 구도 속에 여전히 원주
민에 대한 차별을 유지하고 있는 것이다. 이러한 상황에서 종족의 정
체성은 자신의 정치, 경제 그리고 사회적 권리 회복을 위한 투쟁의
도구로 활용되고 있다. 경우에 따라 원주민의 정체성은 지속적으로
재정의된다. 결국 원주민의 자기규정은 고정적인 것이 아니며 정체
성은 국가와 시대적 상황에 따라서 달라진다는 것을 알 수 있다.

아이마라 원주민의 영토

    아이마라 원주민은 티티카카 호수에 인접한 알티플라노 사이에 고대도시 티우아니코 문명을 형성하였다. 티아우아나코 문명은 현재 볼리비아의 수도 라파스를 중심으로 성장 발전하였다.

볼리비아 라파스 아이마라 원주민 마을 축제

    아이마라인들은 타완틴수요(Tawantinsuyo)와 티와나쿠(Tiwanaku)라는 중앙 행정체계를 통해 영토를 정비하였다. 그리고 정치적으로 안틴수요(Antisuyo), 쿤티수요(Kuntisuyo), 친차수요(Chinchasuyo)와 구야수요(Cullasuyo)등 4개의 연방으로 분리하여 운영하였다. 각 연방은 선출된 대표자에 의해 통치되었다.

타완틴수요 영토

출처: https://www.google.co.kr/?gws_rd=ssl#newwindow=1&q=tawantinsuyo

타완틴수요는 막강한 세력으로 성장하고 있던 잉카와 경쟁하였다. 그리고 콜롬비아 남쪽, 에콰도르, 페루, 아르헨티나 북서쪽 및 칠레의 중앙지역까지 연방을 형성하였다. 오늘날에도 아이마라 원주민은 페루, 볼리비아, 칠레 접경지역과 아르헨티나 일부 지역에서 전통방식을 유지하며 살아가고 있다.

아이마라 원주민은 토지와 사회관계에 기초하여 공간을 효율적으로 통제하였다. 원주민 사회는 아이유스(ayllus), 마르카스(markas), 수유스(suyus) 공동체로 구성되었다. 이러한 행정체계를 바탕으로 원주민은 광활한 공간을 통제하였다. 가족 단위를 중심으로 구성된 아이유스는 타완틴수요의 기본적인 행정조직이다.

　아이유스는 원주민 공동소유 토지로서 가족과 혈연관계에 기초한 집단노동을 통해 운영되었다. 각 아이유스는 가족과 공동체 상호작용을 통해 사회 재생산 및 자급자족 경제활동에 토대가 되었다. 현재에도 아이마라 원주민 공동체에서 아이유스는 활용되고 있다. 식민시대 이전 티티카카 호수 주변 볼리비아의 코파카바나(Copacabana) 섬에는 이미 42개의 원주민 공동체가 체계적으로 형성되었다.

코파카바나 인근 원주민 마을 공동경작지

아이마라 영토의 분리

　현재 볼리비아로 확산된 아이마라 원주민은 혼인을 통한 혈연관계를 바탕으로 사회조직을 정비하였다. 식민 시대 아이마라 영토는 페루 리마 부왕령(Virreinato)에 의해 통제되었다. 스페인 왕실은 식민 영토를 효율적으로 관할하기 위해 4개의 부왕령으로 행정체계를 정비하였다. 멕시코를 포함한 중미는 누에바 에스파냐(Nueva España) 부왕령에 속했고, 현재 콜롬비아, 베네수엘라, 파나마, 에콰도르는 누에바 그라나다(Nueva Granada) 부왕이 관할하였다. 페루와 볼리비아, 칠레 영토는 페루 부왕령(Virreinato de Perú)에 그리고 아르헨티나, 우루과이, 파라과이는 라플라타 부왕(Virreinato de la Plata)에 의해 통제되었다. 부왕령 아래 하부조직으로서 아우덴시아(Audencia)가 형성되었다. 볼리비아는 차르카스 아우덴시아(Audencia de Charcas)에 의해 통제되었다.

　18세기 말 알티플라노 지역은 양모를 중심으로 상업이 성장하였다. 그 결과 식민 행정체계는 재편되었다. 차르카스 아우디엔시아는 라플라타 부왕령에 편입되었다. 아우덴시아 북동쪽에는 이미 케추아족이 정착하여 공동체를 형성하였다. 그러므로 차르카스 아우덴시아는 케추아족과 아이마라족의 갈등과 경쟁관계가 형성되었다.

　1780~1782년 페루 부왕령 차르카스 아우디엔시아에서 케추아족 원주민 지도자 투팍 아마루(Túpac Amaru)의 혁명이 시작되었다. 케추

식민시대 행정체계

출처: https://www.google.co.kr/search?q=virreinato+de+territorio&......KOQ_AUIBigB

아족은 주도적으로 식민체제에 저항했으며 아이마라족도 반식민 혁
명에 참여하였다. 이러한 과정에서 두 종족 간의 대결구도가 형성되
었다. 그러나 원주민은 경쟁 대신 피정복민으로서 단결하였다. 케추
아족과 아이마라족의 식민체제에 대한 저항은 당시 차르카스 아우
덴시아에서 전례를 찾아볼 수 없었던 양 종족 간 단결의 유일한 역
사로 기록되고 있다.

　19세기 독립 과정에서 라틴아메리카 엘리트들은 새로운 단일 국
가 건설을 시도했다. 그러나 실패하자 경쟁을 통해 지속적으로 탈 중
앙집권화의 역사를 만들었다. 지역 엘리트의 분열로 라틴아메리카

대륙은 다양한 국가로 분리되었다. 그리고 이후 전개된 국가와 국가 간 또 다른 전쟁과 갈등은 국경선 형성 혹은 변경의 원인이 되었다. 이러한 역사는 아이마라 원주민이 서로 다른 국적 아래 양분되는 결과를 초래하였다.

페루와 볼리비아 양국의 국경선은 오랜 갈등과 변경을 통해 공고화되었다. 1836년 페루와 볼리비아 연방이 형성되었다. 이후 1841년 페루의 가마라 메시아(Agustin Gamarra Messía: 1829~1833; 1839~1841) 군사정권은 아이마라 원주민의 통합을 시도하였다. 그러나 태평양 전쟁을 통해 아이마라 원주민 영토는 페루, 볼리비아 그리고 칠레 삼국으로 분할되었다.

태평양 전쟁은 1879년 4월 페루와 볼리비아가 아타카마(Atacama) 사막 초석 지대를 둘러싸고 칠레와 대립하여 발생하였다. 볼리비아가 칠레의 초석 수출 회사에 과세를 강화하자 칠레는 볼리비아의 영토 리토랄(Litoral)을 점령하였다. 그리고 동시에 초석 획득을 목적으로 페루의 타라파카(Tarapacá)에 병력을 파견하였다. 칠레에 맞서 동맹군을 형성한 페루와 볼리비아는 결국 패하였다. 1884년 체결된 강화조약으로 칠레는 안토파가스타(Antofagasta) 지역과 광물자원이 풍부한 타라파카 그리고 리토랄 지역을 병합했다.

태평양 전쟁 패배로 볼리비아는 해안영토를 완전히 상실하여 남미지역 유일의 내륙국가로 발전하였다. 안데스 산맥 산악지대에 위치하여 육로 운송이 원활하지 못한 볼리비아가 해안 진출로를 상실한 것은 경제적으로 심각한 타격이었다. 또한 아이마라 원주민이 밀집되어 있던 아타카마 지역은 칠레 주민과 자본에 의해 통제되었다. 페루 역시 타라파카를 포함하여 영토 일부를 상실하였다. 모케과(Moquegua) 지역은 북쪽의 탁나(Tacna)와 남쪽의 아리카(Arica)로 분리되었으며 아리카는 칠레 영토로 편입되었다. 20세기 접어들어 칠레 군사정권의 주도로 페루-볼리비아-칠레 삼국 국경선이 확정되었다.

태평양전쟁 이후 삼국 국경선의 변화
출처: https://www.google.co.kr/search?..peru+bolivia+y+chile...guerra+del+pacifico..

이와 같이 정치적 결과물인 인위적 경계선을 통해 아이마라 원주민의 영토는 분리되었다. 이러한 공간적 분리에도 불구하고 아이마라 원주민은 공동의 언어를 바탕으로 강한 정서적 유대감을 유지하였다. 그러나 동시에 이들은 각국의 정치, 경제 그리고 사회, 문화적 상황에 따라 서로 대립할 수 있는 상황에 놓이게 되었다.

아이마라 원주민의 전통

스페인의 300년 식민통치를 통해 라틴아메리카의 사회관계는 상호대립 구도가 전개되었다. 그리고 식민경험을 통해 인종과 문화는 혼종적 특징을 바탕으로 발전하였다. 아이마라 원주민의 경제와 사회 그리고 문화 역시 원형을 그대로 유지할 수는 없었다. 그러나 우리는 라틴아메리카 원주민이 혼종성 내에서 어떠한 방식으로 종족의 전통을 이어가는지에 대해 주목해야 할 것이다.

1532년 이후 원주민은 강압적인 노동력 착취의 대상이 되었고, 사회 최하위 계급에 배치되었다. 식민권력은 영토 확장과 함께 가톨릭 교황청의 지원으로 2만 년 동안 진화해온 안데스 산맥 원주민 문명을 우상숭배로 재판하며 파괴하였다.

원주민은 외형적으로 정복자의 종교를 수용하면서 전통종교의 맥을 이어갔다. 이러한 과정에서 원주민은 자신의 차별성과 특수성을 확립해 나아갔다. 원형 그대로는 아니지만 와이뇨스(Wayños), 라 윌란차(la Wilancha), 파차얌페스(Pachallampes), 차타스(Challtas), 투루카야스(Trukayas), 푸아스 데 코카(P'uas de Coca)와 같은 전통종교는 아이마라 원주민의 일상을 여전히 지배하고 있다. 종교뿐만 아니라 토지 운영방식 및 통제 그리고 상품유통 등 경제활동 역시 전통적 삶이 지탱되고 있다. 아이마라 원주민이 집중적으로 분포되어 있는 지역에서 전통적 가치는 종족을 상징하는 생활방식을 통해 그 생명력이 유지되고 있는 것이다.

아이마라 원주민은 식민체제 아래 집단적 저항을 통해 다른 원주민과는 달리 상대적으로 독립성을 유지하였다. 특히 페루와 볼리비아 양국이 마주하고 있는 푸노 지역의 경제활동은 기본적으로 원주민 공동체를 중심으로 운영되었다. 그리고 오늘날에도 큰 변화 없이 전통적인 생산방식이 활용되고 있다. 페루의 역사학자들은 푸노 지역의 경제 체제는 전통적인 방식에 가깝다고 말한다. 그리고 이 지역 원주민은 항상 전 자본주의적 생산방식을 통해 생존하였다고 주장한다.

원주민 마을 재래시장

식민체제와 새로운 공화국 건설과정에서 형성된 영토 경계선으로 인해 아이마라 원주민은 서로 다른 국적 아래 분리되었다. 그러나 공간적 분리에도 불구하고 원주민은 동일 언어를 바탕으로 종족의 정체성을 유지하며 생존하였다.

아이마라 종족의 특수성 내에서도 특히 볼리비아의 접경지역 아이마라 원주민은 잉카제국에 항복하지 않았다는 자부심을 통해 종족의 긍지를 이어가고 있다. 그리고 여전히 지도자는 결혼하지 않는 풍습을 지금도 유지하고 있다. 원주민은 식민체제에 저항했던 페드로 빌카파사(Pedro Vilcapaza)와 투팍 카타리(Túpac Katari) 같은 역사적 지도자를 종족의 상징으로 추앙하며 집단적 기억을 공유하고 있다.

투팍 아마루 혁명 시기 아이마라 지도자들은 잉카의 지도자 퉁가수카(Tungasuca)보다 더 급진적이었다. 포토시 광산 지역을 중심으로 전개된 반식민 원주민 저항은 라틴아메리카 원주민 운동에 뿌리가 되고 있다. 아이마라 원주민은 알티플라노 지역에서 식민체제에 저항하며 가장 오랜 기간 동안 생존하였다.

혼종적 성격을 시닐 수밖에 없었던 역사발전 과정 속에서도 아이마라 원주민은 언어와 혈연관계를 토대로 사회조직과 종족의 유대를 유지해왔다. 식민시대와 공화국 건설 과정에서 원주민의 영토는 재편되었으나 현재까지 페루와 볼리비아 접경지역 아이마라 원주민은 혈연관계에 기초한 문화와 사회조직을 유지하고 있다.

볼리비아의 푸카라니(Pucarani), 코파카바나, 데사과데로(Desaguadero) 지역과 페루의 모케과, 세피타(Zepita), 야베(Ilave) 그리고 푸노 지역 원주민 공동체의 경제는 전통적인 아이유스 체계를 기초로 운영되고 있다. 그리고 아이마라 원주민의 공간개념은 여전히 가족과 혈연 중심의 아이유스 공동체가 토대를 이루고 있다.

어제는 페루인, 오늘은 볼리비아인

볼리비아와 페루 접경지역은 양국에 걸쳐 아이마라 원주민이 밀집되어 있다. 볼리비아는 접경지역 인구의 65.3%가 아이마라 원주민으로 구성되어 있다. 페루의 접경지역은 26.6%의 아이마라 원주민이 지역 인구를 형성한다. 양국이 접경지역에 대해 인식하는 정도는 큰 차이를 나타낸다. 페루의 입장에서 접경지역은 가장 소외된 외곽지역이라는 특징을 가지고 있다. 이와는 달리 볼리비아의 경우 접경지역이 수도 라파스와 근접한 곳에 위치하여 원주민의 경제활동 중심지 역할을 담당한다. 대부분의 주민은 여전히 전통의 방식을 유지하며 살아가고 있으나 상업에 주력하는 볼리비아 원주민은 접경지역을 거점으로 안데스 산맥 지역의 밀수시장을 통제하고 있다.

300년 동안 스페인의 식민통치는 아이마라 원주민의 삶과 규범을 완전히 해체하지 못했다. 티티카카 호수를 중심으로 아이마라 원주민의 전통적 유산은 일상을 통해 보존되고 있다. 원주민은 언어뿐만 아니라 대지의 어머니 파차마마(Pachamama)에 대한 숭배를 통해 전통의 정신을 이어간다.

잉카제국 형성 이전 알티플라노 지역에서는 로스 코야스(los Collas), 로스 파카헤스(los Pacajes) 그리고 로스 루파카스(los Lupacas)와 같은 아이마라 왕국이 발전하였다. 아이마라 왕국은 우이라코차(Huiracocha) 통치 시기 영토를 확장하던 잉카족의 침략에 패하여 결국 잉카제국에 합병되었다.

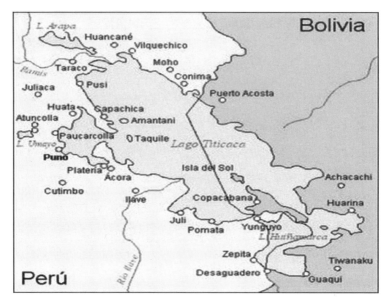

페루와 볼리비아 접경지역 아이마라 원주민 공동체
출처: https://www.google.co.kr/search?q=mapa+.....titicaca+entre+peru+y+bolivia

    그러나 로스 코야스와 같은 일부 아이마라 왕국은 티티카카 호수 주변에 생존하며 종족의 특수성을 지켜나갔다. 이후 아이마라족은 알티플라노 지역을 중심으로 1540~1560년 사이 타키-온코이(Taki-Onqoy) 종교-정치 운동을 통해 반식민 저항운동을 주도하며 세력을 확장했다.

    독립 이후 페루와 볼리비아 공화국은 평등사상에 입각하여 원주민 공동체 토지소유에 대한 자유화 정책을 추진하였다. 그 결과 원주민 공동경작지에 대한 양도불가 원칙이 폐지되었다. 그리고 원주민의 토지소유권도 소멸되었다. 이러한 과정에서 원주민 토지는 체계적으로 해체되었다.

독립은 원주민에 대한 백인 엘리트의 또 다른 전략적 지배였다. 원주민은 또다시 투쟁해야 했고 멸종했다. 그리고 자신의 토지로부터 추방되었다. 원주민 토지에 대한 양도 자유화 정책은 페루와 볼리비아 양모 산업의 절정기에 추진되었다. 농장주는 양모 생산 증가를 위해 토지를 매입하여 농장을 지속적으로 확장해나갔다.

페루와 볼리비아 접경 푸노 지역의 농장은 30년 동안 두 배로 증가하였다. 원주민은 토지를 지키기 위해 저항했다. 그러나 원주민은 토지를 강탈당했고 생산성이 낮은 척박한 지역으로 추방되었다. 평등주의 사상에 입각하여 개정된 신헌법은 오히려 원주민 공동경작지에 대한 소유권을 박탈하였다. 그리고 백인 엘리트에 대한 원주민의 종속을 심화시키는 결과를 초래했다.

새로운 국가발전 과정에서 원주민은 완전히 소외되었다. 그리고 식민 시대 보호지를 통해 그나마 유지되었던 원주민의 법적 권리마저도 소멸되었다. 1895~1925년 보호지에 대한 소유권을 주장하는 원주민의 저항은 확산되었다. 1915년 토지 소유권을 둘러싼 원주민 저항운동이 전개되었다. 그 결과 페루 정부는 1920년 헌법 개정을 통해 원주민 공동토지에 대한 소유를 재인정하였다.

페루와 볼리비아의 접경지역 아이마라 원주민은 아이유스 공동체에 기초한 토지 운영을 통해 종족의 동질감을 유지하고 있다. 현재 접경지역 일부 지역에서 아이마라 원주민은 경작지를 포함하여 대부분의 토지를 소유하고 있다. 그리고 역사적 근거를 바탕으로 인접국 토지에 대한 법적 소유권도 지니고 있다. 접경지역은 원주민의 삶의 터전일 뿐만 아니라 동시에 토지소유권을 둘러싼 분쟁적 공간으로 발전할 수 있다는 특징을 가지고 있다.

독립 이후 형성된 국경선은 페루와 볼리비아 양국의 정치적 갈등의 원인으로 작용했다. 이를 계기로 국경선은 여러 번 변경되었다. 푸노 주의 산티아고 데 옥시(Santiago de Ojje: 아이미라어 발음) 마을은 국경선 형성과정에서 최초로 분리되었던 공동체였다. 1932년 페루와 볼리비아 양국이 영토를 직선으로 분할하는 데 합의하였다. 그 결과 마을 원주민은 가족과 혈연관계임에도 불구하고 하루아침에 서로 다른 국적 아래 살아가게 되었다. 양국 정부의 협정에 따라 볼리비아의 코파카바나에 위치했던 산티아고 데 옥시공동체는 페루 영토로 인정되었다. 그리고 그동안 페루가 관할하던 타폭시(Tapojje: 아이마라어 발음) 공동체는 볼리비아의 영토로 편입되었다. 어제의 페루인이 오늘은 볼리비아인으로 살아가야 하는 것이다.

페루와 볼리비아 국경 마을 산티아고데 욱시
출처: https://www.google.co.kr/search..bicacion+de+santiago+de+ojje...I7S7jLM%3A

국경선이 형성되고 변경된 이후에도 페루와 볼리비아 양국의 아이마라 원주민은 국경을 자유롭게 이동하였다. 그리고 전통적인 사회조직에 기반한 경제활동을 지속하였다. 볼리비아의 접경지역은 원주민 경제활동의 중심지로 변모하였다. 그러나 페루의 접경지역은 가장 소외된 외곽지역으로서 페루 영토로 변경된 산티아고 데 욱시 마을은 정부로부터 공공 서비스조차 제공받지 못했다.

페루 정부는 국경지역이 밀수와 범죄자 이동 경로로 이용되자 1938년 국경선 재협상을 진행하였다. 이를 계기로 타푹시와 산티아고 데 욱시 마을 주민의 국적은 하루아침에 수정되었다. 페루의 산티아고 데 욱시는 다시 볼리비아의 영토로 복귀되었다. 이후 볼리비아의 수도 라파스에는 산티아고 데 욱시 마을로부터 유입된 원주민 이주자들이 증가하였다.

도시로 유입된 원주민은 노동자로 성장하였다. 그리고 자신의 권리를 주장하기 위한 수단으로 사회운동을 전개하였다. 1945년 볼리비아 원주민은 의회 활동에 참여하였다. 그리고 산티아고 데 욱시 농민조합을 결성하였다. 1952년 민족혁명으로 알려진 볼리비아 혁명을 계기로 산티아고 데 욱시 마을 원주민의 정치활동은 활성화되었다. 원주민은 자신의 목적을 추구하기 위해 정권과 협력 또는 갈등이라는 이중적 행동전략을 수립하였다.

페루 정부는 경제활동의 중심지로서 접경지역의 중요성을 인식하기 시작하였다. 1969년 알바라도(Juan Velasco Alvarado: 1968~1975) 군사정권은 농지개혁을 추진하였다. 이러한 과정에서 원주민 공동체는 농민 공동체로 변모하였다. 원주민은 농민이며, 농민은 원주민을 의미하였다. 원주민은 인종보다는 사회 계급적 성격을 내포하게 되었다.

양국의 국경선 확정과 수정 그리고 변경은 아이마라 원주민 공동체의 성격을 변화시켰다. 국경선 변경에 따라 원주민의 국적 역시 수정되었다. 이것은 토지소유권을 둘러싼 원주민 갈등의 원인으로 작용하였다. 페루 정부의 농지개혁에 반대하여 볼리비아 원주민은 페루 영토 인근 마을을 점령하며 페루 영토 내에 자신의 토지 소유권을 주장하였다.

최근 들어 토지 소유권을 둘러싼 원주민 분쟁이 또다시 등장하고 있다. 페루와 볼리비아 양국 원주민은 타국 영토를 대상으로 토지 반환을 요구하고 있다. 1958년 페루 정부가 발행한 토지소유 증명서를 근거로 노령의 볼리비아 국적의 원주민은 부모님 토지에 대한 권리를 주장하고 있다. 자신의 의지와 무관하게 변경된 국적이 조상 대대로 이어온 토지에 대한 권리 상실을 의미하는 것은 아니기 때문이다.

토지 분쟁 지역의 원주민

국경선이 형성된 이후 페루와 볼리비아 접경지역 원주민은 경쟁과 협조라는 큰 틀 속에서 문화적 유사성과 동시에 차이를 강조하기도 한다. 현실적으로 양국의 원주민은 이해관계에서 충돌할 때 서로

가 고유의 문화적 전통을 상실했다고 비난하기도 한다. 원주민은 동일 언어를 바탕으로 아이마라인으로서의 강한 정서적 유대감과 함께 상호협력 관계를 유지해왔다. 그러나 경제적 이해관계를 둘러싸고 갈등이 심화되는 경향을 나타내고 있다.

서로 다른 국적의 형제

아이마라 원주민의 오늘

볼리비아 접경지역 아이마라 원주민 가족과 필자

스페인 식민 시대부터 아이마라 원주민은 언어와 공간적 정체성을 바탕으로 강한 동질감을 유지해왔다. 독립 이후 페루와 볼리비아 양국은 동일한 역사적 유산을 토대로 국경에 대한 권리를 주장하며 분쟁하였다. 이러한 과정에서 1902년과 1909년 협정을 거쳐 1925년 국경선이 형성되었다. 국경선으로 아이마라 원주민의 영토는 분리되었다.

원주민은 양국을 자유롭게 이동하며 일상생활을 유지했다. 그러나 국경지역의 불법체류 및 밀수 그리고 범죄활동이 증가하자 페루 정부는 국경지역에 대한 수비를 강화하였다. 볼리비아 원주민의 이동은 통제되었다. 그리고 접경지역 토지에 대한 원주민의 경제활동도 제한되었다. 이것은 토지 소유권을 둘러싼 아이마라 원주민 종족 내부의 갈등을 유발하고 있다.

1990년대 이후 라틴아메리카 지역 국가에서 지방분권화가 활발하게 전개되었다. 지역경쟁은 강화되었고, 중앙정부와 지방정부의 제도는 재편되었다. 이러한 과정에서 지방정부는 유럽의 통합모델을 기초로 국경지역 협력 강화정책을 구상하였다.

1994년부터 볼리비아에서 지방분권화가 추진되었다. 2004년 모랄레스 정권(Evo Morales: 2004~현재)의 등장과 함께 아이마라 원주민이 집중적으로 분포되어 있는 라파스, 오우로 그리고 포토시를 중심으로 분권화는 전개되었다. 지방정부의 권한을 인정하는 차원으로 행정체계는 정비되었다. 행정체계 재편과 함께 원주민에게 태생영토에 대한 법적 소유권이 인정되었다. 그리고 농촌지역 아이유스 원주민 공동토지에 대한 자치권을 부여하였다. 이러한 과정에서 원주민 인구로 구성된 새로운 주도 형성되었다.

1990년대 말 세계화의 진행과정 속에서 페루, 볼리비아 그리고 칠레 지방정부는 접경지역을 중심으로 새로운 정치공동체를 구상하였다. 삼국은 접경지역에 걸쳐 분포되어 있는 아이마라 원주민의 동맹을 추진하였다. 그리고 국경지역을 개방하여 하나의 종족 통합의 공간으로 활용하려고 시도하였다. 볼리비아 서쪽 25개 중소도시, 페루 남쪽의 14개 도시 그리고 칠레 북쪽 아리카 주의 중소도시를 중심으로 아이마라 원주민 통합에 대한 구상은 구체화되었다.

접경지역은 혁신적인 정치의 시험무대가 되었다. 국경을 초월하여 역사적으로 아이마라 원주민의 영토였던 탁나, 푸노, 라파스, 오우로, 포토시 그리고 아리카와, 파리나코타(Parinacota) 및 타라파카 주는 통합의 중심지가 되었다. 그러나 통합정책은 원활하게 추진되지 못했다.

각 정부가 추진한 지방분권화는 경제적으로 철저한 분배의 원칙으로 받아들여졌다. 원주민은 지방분권화를 공평한 권리 요구를 위한 수단으로 인식하였다. 따라서 각국의 원주민은 중앙정부에 대해 독자적인 지방정부를 가져야 할 명분을 주장하기 위해 자신들이 다른 원주민 집단과는 구분되어 왔다는 점을 강조할 필요가 있었다.

원주민의 정체성은 자신의 권리를 주장하기 위한 합법적 수단이 되었다. 그 결과 원주민 종족 내부에서도 자신이 고유한 집단임을 증명하기 위한 정체성을 드러내기 시작하였다. 종족 간 경계를 만들고 차이를 강조하는 경향이 나타났다.

페루와 볼리비아 접경지역 아이마라 원주민은 외부와의 경쟁에서 자신들을 하나의 단일한 종족으로 인식하고 단결하였다. 그러나 자신들 내부에서의 갈등과 경쟁도 제거할 수는 없었다. 원주민은 각기 다른 공화국의 정치공동체에 속해 있으면서 고유한 정체성을 유지해왔으나 정부의 자원을 끌어들이기 위한 무한 경쟁 속에서 자신의 정체성을 다시 강화하는 현상을 보여주었다.

접경지역 아이마라 원주민은 하나의 삶의 터전 속에 동일한 문화권을 형성하며 공통의 정체성을 지향해왔다. 원주민은 혈연관계를 바탕으로 전통의 일상을 유지하며 강한 유대관계를 형성했다. 또한 고유의 언어를 통해 다른 원주민 집단과 구분되는 역사성과 특수성을 강조하였다. 공간적 분리는 원주민의 삶과 규범을 완전히 해체하지 못했다.

그러나 아이마라 원주민은 외부와의 경쟁에서 단결하지만 동시에 내부 갈등과 경쟁관계를 형성하며 대립하였다. 실제로 이해관계를 둘러싸고 충돌할 경우 이들은 서로가 고유의 문화적 전통을 상실했다는 비난을 가하며 차별과 구별의 정체성을 형성하는 경향이 있다.

과라니의 세계관과 신화

과라니의 기원과 분포

과라니(Guaraní)는 흔히 알고 있는 라틴아메리카의 원주민들인 아스텍과 마야, 잉카 원주민들과 사뭇 다른 모습을 지니고 있다. 아스텍과 마야, 잉카 문명은 문자를 보유했으며, 큰 도시와 파라미드 등의 다양한 문화유산을 남겼다. 이 세 문명은 환태평양 조산대를 따라 고지대를 중심으로 터를 잡았다. 아스텍과 마야로 대변되는 메소아메리카 문명은 멕시코와 중미에 넓게 분포되어 있었으며, 잉카로 대표되는 안데스 문명은 에콰도르에서 칠레로 이어지는 안데스 산맥을 따라 형성되었다. 아스텍의 테노츠티틀란과 잉카의 마추픽추와 같은 유명한 고대 도시들이 해발고도 2,000~3,000m에 자리 잡고 있는 이유이기도 하다.

이렇듯 태평양을 따라 라틴아메리카 고지대에서 문명을 이룬 원주민들과 달리 아마존을 시작으로 남미 끝자락인 팜파스에 이르는 저지대는 국가나 문명단계로 진입한 원주민 집단이 출현하지 못하였다. 이로 인해 '저지대 원주민'들은 '고지대 원주민'에 비해 널리 알려져 있지 않다. 그나마 '저지대 원주민' 가운데 과라니는 1986년에 제작된 영화 〈미션(The mission)〉을 통해 대중에게 널리 알려졌다. 이 영화를 통해 소개된 예수회 공동체와 웅장한 이과수 폭포는 과라니를 연상케 하는 상징이 되었다.

과라니는 아메리카 원주민과 마찬가지로 몽골계 아시아인들로부터 기원한 것으로 보고 있다. 아메리카 원주민은 마지막 빙하기인 약 2만 년을 전후한 시기에 아시아에서 아메리카로 이동하였다. 이 시기는 바닷물의 수위가 낮아서 두 대륙이 연륙된 상태여서 도보로 이동이 가능하였다. 당시 몽골계 아시아인들이 사냥감을 따라 아메리카로 이주한 것으로 추측하고 있다. 이를 토대로 아메리카 원주민 기원설은 크게 두 가지로 나뉜다. 하나는 아메리카 원주민들이 베링 해협을 통해 넘어왔다는 아시아설과 다른 하나는 비슷한 시기에 베링 해협 이외에도 남태평양의 미크로네시아와 폴리네시아를 통해 아메리카 대륙에 도달했다는 대양설이 있다. 아시아설은 미국학파인 알렉스 히드릭카(Alex Hidlicka)가 이론화한 것으로 베링 해협을 통해 건너온 몽골계 아시아인들이 북미와 중미, 남미로 점차 확산되었다고 주장하는 가설이다. 대양설은 유럽학파인 파울 리벳(Paul Rivet)이 주장하였는데, 그는 베링 해협뿐만 아니라 동남아시아와와 남태평양 군도, 오스트레일리아의 원주민들이 카누를 타고 대양을 건너왔다고 설명하고 있다.

사나르디니(Zanaridina)와 비에데르만(Biedermann)은 2006년에 발간된 『파라과이 원주민(Los indigenas del Paraguay)』이라는 저서에서 대양설을 주장한 파울 리벳의 자료를 토대로 고대 아메리카 원주민을 다음과 같이 여섯 개의 범주로 분류하였다. ① 푸에귀도스(Fueguidos)는 남미의 끝자락인 파타고니아 지역에 거주한 사람들로 오스트레일리아로부터 이주한 집단이다. ② 팜피도스(Pámpidos)는 북미 대평원과 남미 팜파스 지역의 원주민들로서 각각 베링 해협과 오스트레일리아로부터 이주한 집단이다. ③ 라귀도스(Láguidos)는 브라질 동부 지역의 원주민들로 멜라네시아와 베링 해협을 통해 유입된 집단이다. ④ 아마소니코스(Amazónicos)는 아마존 강과 오리노코 강 지역에 거주하는 원주민으로 바다를 통해 건너온 집단이다. 이 집단은 몽골로이드 계통으로 말레이시아와 인도네시아, 남동아시아 지역에서 기원하였으며 과라니와 히바로 원주민의 선조들이다. ⑤ 안디도스(Ándidos)는 멕시코와 안데스 산맥 지역에 거주하는 원주민으로 서태평양 지역에서 이주한 집단이다. 이 집단은 아스텍과 잉카, 마야 원주민의 선조들이다. ⑥ 나머지 집단은 중미 협곡과 미국 북동부 지역의 원주민, 극지방의 이누이트를 포함한다.

과라니 연구에 탁월한 업적을 낸 인류학자인 블라니슬라바 수스닉(Branislava Susnik)은 리벳이 분류한 여섯 개의 고대 아메리카 원주민들 중에서 과라니 원주민의 선조가 아마소니코스라고 밝혔다. 아마소니코스는 키가 작고 단두(短頭)이며 황색의 피부색을 지니고 있어 원시 말레이와 체질적으로 상당히 유사하다. 아마소니코스의 기원은 파나마 지협으로 이주한 원시 말레이로 보고 있으며, 이들은 기원전 3,000년경에 베네수엘라와 콜롬비아 평원, 아마존 남쪽으로 이동하였다. 이런 과정을 거치면서 아마소니코스는 언어와 종족, 사회문화적으로 크게 두 어족으로 나뉜다. 그 하나가 아라왁(Arawak)이며, 다른 하나가 뚜삐 과라니(Tupi-Guaraní)이다.

기원전 2,000년경에는 아마존 남쪽 지역에 닥친 극심한 가뭄이 4~5년간 지속되면서 밀림이 황폐화되었고, 새로운 땅을 찾아 아라왁과 투피 과라니의 대이동이 시작되었다. 아라왁의 하위 종족들 중에 하나인 히바로(Jibaro)는 더 이상 남쪽으로 이동하지 못하고 안데스와 아마존 경계 지역에 남게 된다. 히바로를 제외한 아라왁은 계속 남하하여 기원전 500년경에 파라과이 강과 파라나 강, 우루과이 강을 넘어 대서양 연안까지 도달하였다. 이와 비슷한 시기에 뚜삐 과라니도 남하하여 먼저 자리 잡고 있던 아라왁을 밀어내고 파라과이에서 브라질의 대서양 연안에 이르는 지역을 차지하였다.

이렇게 과라니는 자신들이 정착할 땅을 찾아 이동하였는데, 이는 그들의 종교관과 우주관에서 말미암은 것이다. 과라니는 '죄 없는 땅(Tierra sin mal)'을 찾아다니는 관습으로 인해 한곳에 머물지 않고 떠돌아다닌다. 이는 과라니뿐만 아니라 그들의 조상에 해당하는 아마소니코스의 특징이기도 하다. 죄 없는 땅은 과라니 원주민의 세계관을 집약한 용어로서 몸과 영혼이 죽지 않는 곳으로 씨를 심지 않아도 생명이 존재하고 병과 죽음이 없는 불사의 장소를 말한다. 즉 그곳은 현실과 대비되는 천국과 같은 곳이다.

남미남부 지역(Southern Cone)에 정착한 뚜삐 과라니는 언어 계통상 53개의 하위 종족으로 이루어져 있다. 이 중에서 언어 계통상 가장 영향을 많이 미친 종족이 뚜삐(Tupí)와 뚜삐남바(Tupinambá), 과라니(Guaraní)이다. 뚜삐와 뚜삐남바는 브라질의 리우 데 자네이루 강과 상빠울루 지역에 성착하였으며, 과라니는 파라과이 지역을 중심으로 정착하였다. 식민 시기 이전까지 과라니는 스스로를 아바(avá)라 불렀다. 아바는 과라니어로 '사람'을 뜻한다. 또한 과라니는 그들의 언어를 아바네(avañe'ê)라 부르며, 이는 사람의 언어라는 의미를 지니고 있다. 즉 과라니는 스스로를 사람이라 칭했으며, 그들의 언어가 바로 사람들이 말하는 언어라는 뜻을 가지고 있다.

과라니의 어원에 대해서 여러 가지 학설이 있으나, 한 가지 확실한 것은 순전히 타자에 의해서 만들어졌다는 것이다. 식민 시기 정복자들이 과라니의 영토에 침입하자, 과라니들은 정복자들을 그들의 보금자리에서 쫓아내기 위해 전투하라(guará-ny)라고 외쳤고, 이 말을 들은 정복자들이 그들을 지칭할 때 과라니라는 이름을 처음 사용했다는 것이다. 또 다른 어원은 과리니(guariní)에서 유래했다는 설

이 있다. 과리니는 전쟁 혹은 전쟁하다라는 뜻으로 과리니가 과라니
로 변형되어 불리게 됐다는 것이다. 17세기 파라과이에서 머물렀던
예수회 선교사인 몬토자는 그가 1639년에 출간한 과라니어의 보물
(Tesoro de la lengua Guarani)에서 또 다른 어원을 밝히고 있다. 그는 과
라니가 이들의 일정 거주 지역을 나타내는 말인 과라(guára)에서 기원
했다고 주장한 바 있다.

과라니 원주민 분포도
출처: Gausch & Ortiz, 1996 Diccionario Castellano-Guarani/Guarani-Castellano,
Asunción: CEPAG

앞의 지도에서 보듯이, 현재 과라니 원주민은 파라과이를 중심으로 브라질 서남부 지역인 리오 그란데 도 술(Rio Grande do Sul)과 마토 그로소 도 술(Matto Grosso do Sul), 아르헨티나의 동부의 코리엔테스(Corrientes)와 미션(Misson) 지역, 아르헨티나의 북동부의 볼리비아 남부의 차코(Chaco) 지역에 걸쳐서 분포하고 있다. 이 지역은 파라나 강과 이과수 강, 파라과이 강, 아마존 강 지류 등 남미남부 지역의 거대한 강들이 모여 있는 곳으로 밀림과 늪지, 초원이 광활하게 펼쳐져 있고 토양이 비옥하다. 또한 이들이 즐겨 사냥하는 아르마딜로와 카피바라, 레어(타조류), 악어, 멧돼지 등 야생동물이 풍부하게 분포되어 있다.

과라니의 세계관: 죄 없는 땅(tierra sin mal)

과라니의 '죄 없는 땅' 찾기는 1639년 출간된 『과라니어의 보물 (Tesoro de la lengua guaraní)』이라는 책에서 안토니오 루이스 데 몬토자에 의해 가장 먼저 언급되었다. 그는 죄 없는 땅이 순수한 장소이며 아무 건물도 없는 곳이라 말하였다. 죄 없는 땅은 과라니어로 으브 마라에으(Yvy mará'ey)라고 부른다. 으브는 땅 혹은 장소라는 뜻이며, 마라에으는 죄가 없다는 뜻이다. 이 말은 사람이 사는 보통의 세상과 달리 죄가 없는 순수한 곳을 의미한다. 즉 성경에 나오는 에덴동산처럼 과수가 풍부하며 악하거나 나쁜 것이 없는 평온한 곳이다. 과라니가 그곳에 도달하기 위해서는 바다가 나올 때까지 동쪽으로 가야 한다고 전한다. 과라니는 죄 없는 땅에서 살기를 꿈꾸는데 그곳은 옥수수가 저절로 자라고 사람들이 죽지 않는다고 믿는다. 그래서 그들은 그곳을 도달하기 위해 항상 떠날 준비를 한다. 과라니와 그들의 선조인 아마소니코스가 남미의 상단에 위치한 카리브 연안에서 현재 살고 있는 지역까지 내려와 정착한 것은 바로 이러한 믿음 때문이었다.

식민 시기 이전 과라니는 준 수렵채집민으로서 완전한 정착 농경 단계까지 이르지 못했다. 과라니는 수렵채집을 기본으로 화전을 일구기도 한다. 화전은 숲이 울창한 밀림에서 살 곳과 약간의 작물을 키울 수 있는 공간을 마련하는 방법이다. 과라니는 땅의 지력이 다하면 다른 곳으로 이동하여 화전을 통해 밭을 일군다. 과라니가 한곳에 정주하지 못하고 끊임없이 이동하면서 수렵 채집과 화전을 하는 모습은 마치 죄 없는 땅을 찾아다니는 그들의 숙명과 일치한다. 즉 죄 없는 땅을 찾아다니는 세계관은 살기 위해서 필연적으로 돌아다녀야 하는 과라니의 삶을 상징적으로 표현한 것이 아닐까라는 생각이 든다.

과라니는 라틴아메리카의 문명 단계의 원주민들처럼 예술이나 기술, 그림, 건축이 그다지 발전하지 못했다. 예외적으로 기술이 뛰어난 생산물은 그들의 의례를 위해 만든 깃털 장식 정도였고 바구니나 도기, 직물 등은 그렇게 뛰어난 단계까지 도달하지 못했다. 깃털 장식은 제사장 혹은 추장 등의 높은 지위를 가진 과라니 구성원들이 착용하였다. 깃털 장식은 과라니들이 거주하는 지역의 앵무새류의 깃털로 만들며, 깃털은 부족 내에서 어느 정도 지위를 가진 사람들이 착용하는 도구였다.

과라니의 특별함은 기술보다 언어와 종교에 있다. 과라니 언어는 노래와 기도, 주문 등을 통해 아름다움을 표현할 수 있게끔 했다. 종교는 과라니의 삶과 사회, 정치, 문화, 경제를 모두 관통하였다. 종교적 행위는 죄 없는 땅을 찾는 것은 사냥과 농사를 위해 땅을 짓밟는 것을 의미하는 것이 아니다. 사실 죄 없는 땅인 으브 마라에으(Yvy mara'ey)에는 가상의 공간으로 인간들이 접근할 수 없다. 비록 예전의 장소를 알고 있더라도, 일부 특권자들만이 불사의 모습으로 거기까지 도달할 수 있다. 모두가 죄 없는 땅에 도달할 수 있다는 희망은 일부 제사장과 부족장이 추동한 것으로 과라니가 대규모로 이주를 하게 한 모티브를 제공하였다. 그들은 신들로부터 메시지를 아름다운 말로 부족민들에게 전달하여 죄 없는 땅을 찾아 떠나도록 독려하였다.

뚜삐 과라니의 의례 모습
출처: Gonzalez Torres, 1997 Cultura Guarani, Asunción: Litocolor

또한 과라니는 춤과 금식을 하면 죄 없는 땅으로 갈 수 있는 통로
인 으바가(Yvága)에 도달하게 되는데, 그곳에 들어가기 위해 몸이 가
벼워지면서 붕 뜨게 된다고 믿는다. 으바가는 신들이 사는 천상을
뜻한다. 과라니는 춤에서 대단한 능력을 얻을 수 믿는다. 그래서 춤
을 추면 상상하지 못했던 것을 얻을 수 있다고 믿는다. 또한 노래와
금식은 몸이 자연스레 반응하여 춤을 더 잘 출 수 있게 하고 빙글빙
글 돌 수 있도록 도와준다고 한다. 이러한 의례적 행위들은 과라니가
죄 없는 땅에 도달하기 위한 노력을 상징적으로 보여주는 것이다.

　일반적으로 과라니 신화는 여타 아마존의 부족들의 신화와 크게
다르지 않다. 과라니의 쌍둥이 신과 재규어가 현재 대부분의 아메

리카 신화에서 나타나는 것으로 보아, 오래전부터 아메리카 원주민들은 서로 관계가 있었음을 알 수 있다. 안토니오 루이스 데 몬토자(Antonio Ruíz de Montoya)는 가장 먼저 책으로 재규어와 쌍둥이 신화를 기록한 사람들 중의 하나이다. 1636년 그가 쓴 『영혼의 정복』에서는 하늘에 아주 큰 범이 화가 나서 태양과 달을 먹었고 그것이 바로 식(蝕)이 되었다고 한다. 이 일이 일어나고 재규어가 경외의 대상이 되었다고 한다. 과라니 신화의 특징은 대다수의 아메리카의 부족들과 문화가 그렇듯이 물활론의 성격을 지니고 있다.

그간 과라니의 세계관과 관련된 연구들은 주로 인류학자와 민속학자에 의해 진행되었는데, 레온 카도간(Leon Cadogan)과 바르토메우 멜리아(Bartomeu Melià), 블라니슬라바 수스닉(Branislava Susnik), 피에르 클라스트레스(Pierre Clastres), 히랄라 얌페이(Girala Yampey), 디오니시오 토레스(Dionisio Torres) 등이 대표적이다. 과라니의 세계관에 관한 논의는 학자들마다 차이가 있지만, 이들의 논의를 종합해보면 다음과 같다.

학자들은 과라니 언어가 의사소통을 넘어 영적인 개념과 관련 있다는 것을 증명하였는데, 과라니어가 '우리 위에 있는' 신들과 소통하는 기능을 가진다는 것이다. 영혼과 말, 목소리를 동시에 의미하는 네에(ñe'e)라는 과라니어는 사람이 신성하고 불멸의 존재라는 것을 말한다. 죽음은 말을 잃어버리기 때문이다. 그리고 아름다운 말(bellas palabras)이라는 뜻의 네에 뽀라(ñe'e porã)는 지혜와 신성함을 의미한다. 그래서 과라니의 하느님인 냐만두가 언어의 창조자인 아으부(Ayvú)를 잉태하고 난 후 세상을 만들 세 명의 주요한 신들인 까라이(Karaí)와 자까이라(Jakaira), 뚜빠(Tupa)를 창조한 것이다.

과라니가 '죄 없는 땅'이라는 세계관을 가진 배경은 그들의 천지 창조 신화를 보면 알 수 있다. 과라니는 그들이 사는 데 있어 세 개의 세상이 있다고 여긴다. 과라니는 그들의 하느님인 냐만두(Ñamandú)가 태초의 카오스 상태에서 세상을 만들었다고 믿고 있다. 냐만두는 과라니들 사이에서 냔데루부수(Ñanderuvusú) 혹은 냔데루과수(Ñanderuguasu), 냔데자라(Ñandejara) 등으로 불리며, 스페인어로는 '우리들의 위대한 아버지'라는 뜻의 누에스트라 그란 빠드레(Nuestra Gran Padre) 혹은 '우리의 주인'인 누에스드로 두에뇨(Nuestro Dueño)로 해석이 된다.

냐만두는 스스로 식물이 되었는데, 첫 번째로 그의 다리가 뿌리로 변했으며, 그다음에 팔과 손, 손가락, 손톱이 가지로 바뀌었고, 마지막으로 머리 부분에는 나무의 상단부처럼 새 깃털과 같이 생긴 잎과 꽃이 길게 늘어졌다. 냐만두는 마치 나무처럼 우뚝 솟아 있었고 심장이 밝게 빛났다. 그 모습은 마치 하늘을 받치는 듯하였다. 심장이 밝게 빛나면서 태초의 연기가 사라지고, 냐만두는 인간 세상에 나타나서 언어를 발전시킬 말의 창조자인 아으부(Ayvú)를 잉태하였다. 냐만두는 혼자서 세상을 창조하기에 힘이 부쳐 같이 세상을 만들 3개의 신들을 창조하였는데, 바로 그 신들이 까라이(Karaí), 자까이라(Yakairá), 뚜빠(Tupã)이다. 까라이는 불과 화염을 관장하는 신이고, 자까이라는 연기와 안개의 신이며, 뚜빠는 천둥과 비, 물의 신이다.

과라니의 천지 창조 신화는 거의 유사하지만 내용에 따라 셋 정도로 나누어서 볼 수 있다. 과라니는 인류 역사에서 세 번의 세상이 있을 것이며 지금은 두 번째 세상에 살고 있다고 믿고 있다. 세 개의 이야기 중 하나는 다음과 같다.

냐만두는 세 개의 신과 함께 첫 번째 세상인 으브 떼논데(Yvy Tenonde)를 만들었다. 냐만두는 두 개의 막대기를 십자 형태로 놓고 원래의 방향이 바뀌지 않게 다섯 개의 신성한 삔도(pindo)로 고정하였다. 삔도는 야자나무의 일종으로 과라니들이 사는 곳인 파라과이와 브라질, 아르헨티나 등 남미남부 지역에서 흔히 볼 수 있는 나무이다. 냐만두는 삔도 하나를 중앙에 두었고, 나머지 네 개는 각 방위의 끝에 두었다. 그리고 냐만두를 포함한 세 신들은 동서남북에 배치되었다. 이들은 낮과 밤, 바다, 동물과 식물, 마지막으로 사람을 만들었다. 첫 번째로 만든 동물은 뱀이었다.

삔도(pindo)의 모습

첫 번째 세상에서는 사람들이 신들과 함께 살았으며, 병이 없었고 먹을 것이 모자라지 않았다. 그러나 사람들 중에서 헤우삐에(Jeupié)라는 자가 규칙을 어기고 여동생을 근친상간하였다. 신들이 거대한 홍수로 벌하여 첫 번째 땅이 파괴되고, 신들은 천상의 본거지로 떠나버렸다. 냐만두는 자까이라의 도움을 받아 완전하지 못한 두 번째 세상을 만들었다. 홍수에서 살아남은 생존자들은 병과 아픔, 고통이 있는 지금의 땅에 살게 되었다. 이 세상의 이름은 새로운 땅이라는 뜻의 으브 쁘자후(Yvy Pyahu)로 불린다. 그래서 사람들은 항상 첫 번째 세상으로 돌아가기를 원한다. 세 번째 세상은 완벽한 곳으로 벌을 내리지 않고 나쁜 일이나 불운도 존재하지 않으며 파괴되지도 않는 영원한 곳이다.

두 번째 이야기는 과라니의 첫 번째 땅이 홍수로 파괴된 것이 아니라 서쪽에서 온 '큰 불'로 파괴되었다고 한다. 불은 집중호우로 그쳤고, 큰 홍수가 올 때까지 불이 지속되었다고 한다. 두 번째 땅은 냐만두가 만들었다. 두 번째 땅은 현재 우리가 살고 있는 세상이다. 두 번째 세상이 손쓸 수 없을 정도로 못쓰게 되면 죄가 없는 세 번째 세상이 건설될 것이라고 한다. 이것은 일종의 메시아니즘으로, 풍요와 희망의 땅인 에덴동산과 같은 천국을 기다리는 것이다.

또 다른 천지 창조 이야기는 파괴된 첫 번째 땅의 태초 거주자들이 창조주인 냐만두가 있는 곳인 천상으로 찾아간 것에서부터 시작한다. 태초 거주자들은 열정적으로 성스러운 노래를 하는데, 이는 과라니의 하느님인 냐만두와 함께 삶을 조화롭게 하며 완벽에 이르기 위해 필수적인 것이라고 믿기 때문이다. 불순한 사람들은 좋은 것에 대한 이해가 부족하며 나쁜 기운을 가지고 있고 양심이 더럽혀진 상태로서 신성한 영혼의 말에 위배되어 새나 개구리 혹은 다른 동물들로 변하여 천상인 으바가(Yvága) 밖에서 평생 살아야 한다고 생각한다. 두 번째 세계도 파괴를 피할 수 없으며, 죄악과 아픔, 불완전함이 없는 세 번째 세계가 올 것이라고 믿고 있다.

창조신화 내용의 공통점은 과라니가 세 번째 세상 즉, 죄 없는 땅이 있다고 생각하며 여기에 도달하기 위해 끊임없이 노력해야 한다고 믿는다는 것이다. 그 노력은 의례에서 춤과 노래를 통해 이루어지고, 제사장인 빠혜(paje)의 독려로 부족들이 끊임없이 죄 없는 땅을 찾아가는 행위로 나타난다. 그곳에 이르기 위해서는 다양한 길이 존재한다. 그중의 하나의 길이 동쪽으로 이동하는 것이다. 이들은 저기 바다로 가면 해가 뜨는 곳, 즉 태양신에 해당하는 난데루 꾸아라흐(Ñanderu Kuarahy)가 쉬고 있는 곳에 도달한다고 믿는다.

많은 과라니 부족들이 신화에서 말하는 죄 없는 땅을 찾아 바닷가로 이주하였으나, 어떤 부족도 그들의 꿈을 이루지 못했다. 과라니들은 카리브 연안에서부터 아마존을 거쳐 대서양 끝자락에 도착함과 동시에 더 이상 앞으로 나갈 수 없자 실망하였고, 왔던 길로 다시 되돌아가야 했다. 하지만 큰 실망은 새로운 꿈을 찾는 계기가 되었다. 그들은 대양의 거친 파도를 이겨내고 건너갈 자신이 없었지만 희망을 버리지는 않고 다시 죄 없는 땅을 찾기 위해 내륙으로 이동하였다.

뚜삐 과라니의 빠혜(paje)의 모습
출처: https://www.algosobre.com.br/historia/culturas-indigenas-maias-astecas-e-incas.html

62

빠헤들은 아득히 수평선이 보이는 하늘과 함께 있는 멀리 떨어진 바다에 있는 상상의 공간으로, 더 이상 앞으로 가지 못하면서 다른 해결책을 찾아 또 다른 땅에 도달하고자 하였다. 빠헤는 제사장이자 샤먼으로 종교적 의례를 통해 앞으로의 일을 예측하거나 부족을 치료하는 중요한 인물이다. 실망과 낙담에 빠진 과라니들에게 빠헤는 미래에 대한 새로운 희망을 가지도록 가던 길의 방향을 바꾸었고 열망의 공간을 찾아 대륙 내부로 되돌아갔다. 이와 같은 새로운 예언들은 과라니가 바다로 향했던 시도와 착오에 의해 학습된 것으로, 동쪽으로 가는 길이 닫혔다는 것을 자각했음을 보여준다. 과라니는 '죄 없는 땅'을 찾기 위해서 대지의 중심(Ombligo de la tierra)이라는 뜻의 으브 뿌루아(Yvy puru'â)를 찾아야 하며 그곳에는 냐만두의 거처가 있다고 믿었다. 거기서 그가 태초에 모든 것과 존재를 창조했다고 전해진다.

이 번뜩이는 생각의 발견과 함께 과라니는 각자의 길로 돌아갔고 새로운 미래를 찾기 위해 길을 다시 만들었다. 대륙 내부로 돌아가서 여전히 그들의 의례인 노래와 춤, 금식을 행하고 있다. 바다가 있는 것을 모르는 일부 과라니들은 최근까지도 동쪽으로 이동하였다. 이들은 대양의 해변가에 정착하거나 머물 수 있는 기술적인 능력이 없었고, 큰 파도가 치는 거대한 바다는 이들에게 두려움과 압박감을 주었다. 소수의 집단들만 나무 가지나 잎으로 그들이 머물 장소를 마련하였다. 과라니의 하위 종족 중의 하나인 까리오(Karijo)들 중 일부는 대서양 연안에 위치한 산타 카탈리나(Santa Catarina)에 정착했으며, 이들은 여기에 도착했던 유럽인 항해자들이 내륙으로 탐험할 수 있게 도와준 것으로 널리 알려져 있다.

뚜빠와 일곱 괴물 형제

뚜빠는 민간에서 전승되는 과라니의 신화에서 중심적인 인물로 등장한다. 뚜빠는 절대적이며, 천둥을 관장하는 신이다. 뚜빠는 달의 신인 아라스(Arasy)와 결혼하여 현재 파라과이의 아레구아 산에 내려왔다. 뚜빠는 그곳에서 땅과 숲, 바다, 꽃과 동물, 별을 만들었다. 뚜

뚜빠(Tupá)

빠는 점토로 남자와 여자를 만들어 생명을 불어넣었다. 그래서 만든 첫 번째 종족이 바로 모든 민족의 원류인 과라니이다. 이렇게 만든

남녀 한 쌍이 바로 남성인 루빠베(Rupavé)와 여성인 스빠베(Sypavé)였다. 루빠뻬는 뚜빠의 형상으로 만들었고, 스빠베는 아라스를 본떠서 만들었다. 루빠베는 '모든 인류의 아버지'이며 스빠베는 '모두 인류의 어머니'라는 뜻을 지니고 있다. 또한 좋은 영(靈)인 안가뚜뻐르(Angatupyry)와 악한 영인 따우(Taú)를 창조하였다.

과라니는 무수한 신들에 관한 이야기들이 있지만, 뚜빠와 일곱 괴물 형제의 이야기는 과라니 문화의 중심지인 파라과이에서 가장 널리 알려져 있는 신화이다. 민간에서는 일반적으로 일곱 괴물 신이 뚜빠의 아들들이라 알려져 있지만, 사실은 그와 다르다. 또한 뚜빠도 과라니 창조 신화에서는 네 방위의 신들 중 하나이지만, 민간에서는 과라니를 창조한 신으로 일컫고 있다. 일곱 괴물신들은 뚜빠의 둘째 아들 마란가뚜의 딸인 께라나의 자식이다. 즉 일곱 괴물신들은 뚜빠의 종손자인 셈이다.

뚜빠와 아라스는 세 명의 아들과 네 명의 딸을 두었다. 큰아들은 뚜메 아란두(Tumé Arandú)로 과라니의 선지자이자 식자로서 과라니에게 지식을 전해준 빠이 수메(Pa'i Sumé)와 동일 인물로 여기기도 한다. 둘째 아들은 마란가뚜(Marangatú)로 너그럽고 자비심이 많은 지도자이며, 일곱 괴물의 엄마인 께라나(Kerana)의 아버지이다. 셋째 아들은 하뻬우사(Japeusá)로 거짓말을 잘하고 불순종하여 모든 것을 반대로 하는 성격을 지녔다. 어느 날 우연히 하뻬우사는 목을 매고 자살을 하였고 다시 부활하였으나 앞으로 가지 못하고 옆과 뒤로 걷는 게의 형상으로 태어났다. 네 명의 딸은 뽀라스(Porãsý)와 과라자바(Guarasyáva), 삐따(Pita), 모로띠(Moroti)이다. 큰 몸으로 아름다운 모습을 지닌 뽀라스는 따우와 께라나의 일곱 괴물 아들들이 지배하고 있는 마을을 구하기 위해 희생하였다. 과라자바는 수영을 잘하여 까리베

(Karivé)와 결혼하였고, 빠라구아(Paraguá)라는 바다 아이를 입양하였다.

악한 심성을 지닌 따우는 뚜빠(Taú)의 둘째 아들인 마란가뚜의 딸 께라나를 사랑하게 되었다. 께라나는 어릴 때 잠을 많이 자서, 잠을 많이 잔다는 뜻의 께라나로 이름을 붙였다. 따우는 께라나를 차지하기 위해 그녀가 성인이 될 동안 기다렸다. 따우는 새로운 모습으로 7일 동안 께라나를 보기 위해 방문했다. 마지막 날 따우는 께라나를 납치를 시도했고, 착한 영인 안가뚜쁘르(Angatupyry)가 따우를 방해

따우가 께라나를 납치하는 모습

하였다. 7일 동안 안가뚜쁘르는 따우와 싸웠지만, 결국 따우가 함정을 사용해 이겼다. 따우는 승리하였고 께라나를 데려갔다. 께라냐의 부족은 깊은 슬픔에 잠겼으며 분개하여 따우가 벌을 받도록 기도하였다. 이에 안가뚜쁘르는 따우에게 끔찍한 저주를 내렸다. 이로 인해 따우와 께라나는 7명의 괴물 아들을 낳게 되었다. 7명의 괴물 아들은 과라니 신화의 중심적인 인물로서 여겨지고 있다. 과라니의 수많은 신들은 잊혀졌으나, 이 신들은 여전히 남아서 전해오고 있다.

떼주 자과(Teyú Yaguá)

보이 뚜이(Mbói Tu'i)

첫 번째 아들인 떼주 자과는 도마뱀의 몸통에 개머리 형상을 하고 있다. 머리가 한 개인 경우도 있지만, 머리 7개를 가지고도 있다고 한다. 대신에 머리를 잘 움직이지 못한다. 떼주 자과는 아주 흉폭했으나 뚜빠에 의해 온순하게 되었다. 몸의 껍질은 눈이 부실 정도 반짝거린다. 과일을 먹고 살며 넷째인 자스 자떼레가 구해주는 꿀을 좋아한다. 동굴을 주관하는 신이며, 과일을 보호하고, 광맥과 부를 지키는 역할을 한다.

두 번째 아들인 보이 뚜이는 머리는 앵무새의 형상을 하고 있고 몸통은 뱀의 모습을 하고 있다. 허리에는 두개의 다리가 달려 있다. 머리는 새의 깃털로 덮여 있고, 몸통은 물고기처럼 비늘로 싸여 있다. 또한 저주스런 눈길을 가지고 있어 보이 뚜이와 눈을 마주치는 사람은 불행해진다. 보이 뚜이는 늪을 배회하며 어류와 양서류, 파충류 등의 수중과 늪지 동물들을 보호하는 신으로 습기와 꽃을 좋아한다. 울음소리는 귀에 매우 거슬리며 멀리까지 들려 공포감을 느끼게 한다.

세 번째 아들인 모나이는 뱀의 몸통을 가지고 있으며, 머리에는

모나이(Moñai)　　　　　　　　자스 자떼레(Yasy Yateré)

푸른 뿔이 돋아 있다. 사는 곳은 넓은 초원으로 나무에 기어서 잘 오르고 새를 먹는다. 모나이는 긍기의 수호신으로 도둑질을 좋아하고 동굴에 물건을 잘 숨긴다.

　어느 날 모나이의 약탈이 심해지자 마을 사람들은 뚜빠가 한 쌍의 남녀를 만들어 낳은 예쁜 딸 뽀라스(Porasy)에게 모나이를 유혹하라는 부탁을 하였다. 뽀라스에게 반한 모나이는 결혼을 하기로 하였다. 결혼식이 시작되고 모나이가 취한 틈에 사람들이 큰 돌로 동굴 입구를 막았다. 뽀라스가 동굴에서 나오려는 순간 모나이가 낌새를 차리고 몸을 흔드는 바람에 뽀라스가 동굴 구석으로 나가떨어졌다. 뽀라스가 밖에 있는 사람들에게 살려달라고 했으나 사람들은 이미 동굴 안에 불을 붙였고, 이에 모나이와 뽀라스 모두 타 죽었다. 뽀라스의 희생을 기려 신들이 뽀라스의 영혼을 작고 강렬한 불빛인 금성으로 만들어줬다.

네 번째 아들인 자스 자떼레는 키가 작아 아이 같고, 발가벗고 다니며 금발을 하고 있다. 새처럼 휘파람을 불고 마법지팡이를 들고 다니며 아이들을 꼬드겨 데려간다. 주로 옥수수를 수확하는 시기에 잘 나타나며 옥수수 먹는 것을 좋아한다. 산에 데려가 애들과 노는 것을 좋아하며 꿀과 과일을 먹고 산다. 애들을 칡으로 묶어놓고 버리고 간다. 아이를 핥거나 뽀뽀를 하는데 아이가 바보가 되거나 말을 못하게 된다. 아이가 회복하는 데 1년이 걸리는 경우도 있으며, 그 사이에 경련을 일으키기도 한다.

다섯 번째 아들인 꾸루삐는 동굴이 수호신이며, 성기가 매우 길어 허리에 칭칭 감고 다닌다. 주로 산이나 밀림으로 여자를 납치하여 데려가 성폭행하고 아이들을 잡아서 죽이기도 한다. 꾸루삐는 무섭고 지저분한 생김새와 나쁜 행실에 비해 민간에서 농담거리로 꽤 친근하게 많이 등장하는데, 그것은 꾸루삐의 가장 큰 특징인 긴 음

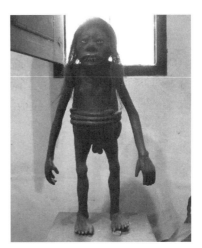

꾸루삐(Kurupí)

경 때문이다. 긴 음경은 남성의 상징으로 비유되어 성인들의 웃음 소재로서 많이 사용되며, 또한 일부 상품 브랜드에서도 친근한 이미지로 사용되기도 한다.

여섯 번째 아들인 아오 아오는 산을 지키는데 몸은 양과 비슷하며 머리는 멧돼지 형상이다. 덩치가 크고 흉폭한 성격을 지니고 있다. 아오 아오는 사람과 양을 잡아먹고 산다. 사람이 아오 아오에게 쫓

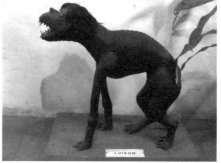

아오아오(Ao Ao)   루이손(Luison)

길 때는 삔도라 불리는 야자나무로 올라가면 살 수 있다. 이는 과라
니들 사이에서 삔도를 신성한 나무로 여기기 때문이다.

막내아들인 루이손은 늑대 인간의 모습을 하고 있다. 루이손은 공
동묘지를 배회하며 시체의 고기를 먹고 산다. 화요일부터 금요일까
지 늑대개로 변하는데 카다란 송곳니가 생기고 좋지 않은 냄새를 풍
긴다. 다시 사람으로 변하면 슬픈 상태로 있으며 더럽고 피곤해 보이
는 특징이 있다.

일곱 괴물 형제들이 민간에서 여전히 전승되고 있는 것은 아마도
그들의 생김새가 독특하기 때문이며 해학적인 면도 함께 있기 때문
이다. 여기서 언급하지 않았지만, 일곱 괴물 형제 이외에도 이들과 유
사한 뽐베로(pombero), 말라 비시온(mala vision) 등 민간에서 회자되는
정령과 신들이 많다. 이들은 나쁜 악행을 일삼기도 하지만, 숲과 동
물을 지키는 수호신이기도 하다. 이들이 공격하는 대다수의 경우는
그들이 살고 있는 깊은 동굴이나 숲, 밀림에 다가올 때이다. 이들의
'만행'은 이유가 있으며, 기독교 혹은 주요 종교에서 말하는 악령 혹
은 사악한 존재들과는 분명히 차이가 있다.

과라니 세계관과 기독교 사상의 결합

파블로 알베르또 데이로스(Pablo Alberto Deiros)는 1992년 출간한 『라틴아메리카 기독주의의 역사(Historia del Cristianismo en América Latina)』라는 책에서 다음과 같이 이야기한다. 스페인과 포르투갈 정복자와 선교사들은 과라니 원주민을 가톨릭으로 개종하는 데 가장 어려움을 겪었던 일이 바로 '악'의 개념의 부재였다. 악의 개념이 없다는 것은 천국에 가기 위한 선한 행동, 하나님에 대한 신앙이 생길 수 없다는 것이다. 즉 아메리카의 원주민들이 모두 유사하지만, 이들은 선악이라는 이분법적 개념이 그들의 세계관과 종교관에서 찾아볼 수 없었다. 이러한 이분법적 사고는 식민 시기의 유럽인 정복자와 선교사들에 의해 전파되어 결합된 것이다.

이는 과라니에서도 마찬가지인데, 선교사들은 가톨릭을 전파하기 위해 과라니의 사고에 존재하지 않았던 악의 개념을 만들 수밖에 없었다. 이를 위해 선교사들은 기존의 과라니 신들 가운데서 가장 악해 보이는 신에게 가톨릭에서 말하는 악마 혹은 사탄의 개념을 주입하였는데, 그 대상이 바로 아냐(Aña)이다. 앞서 언급했듯이 냐만두는 과라니 신화의 주신(主神)이다. 냐만두는 보이지 않고 영원하며 전지전능하고 언제 어디에나 있으며, 태초의 생명체들이 있는 곳인 으바가(Yvága)에 거주하는데, 그와 대립하는 자가 바로 아냐이다. 실제로 아냐는 신크레티즘(syncretism)의 결과물로 악마와 사탄과 유사한데 전통적인 기독교의 사탄과는 다른 기원을 가지고 있다. 과라니가 사는 지역에 유럽의 선교사들, 특히 예수회 선교사들이 원주민을 집중적으로 개종시키기 위해 만든 촌락인 레둑시온(reducción)에서 과라니에게 기독교를 쉽게 이해하도록 기독 교리를 가르치면서 이런 식으로의 변형이 진행되었다.

　과라니의 세계관, 사상, 종교와 기독교의 결합은 비단 냐만두와 아냐의 관계에서만 나타나는 것이 아니다. 물론 면밀한 검증이 필요하지만, 과라니의 하느님인 냐만두가 세상을 만들고 생명체를 창조하는 과정이 기독교의 성경에서 나오는 천지 창조의 과정과 일치하는 부분이 많다. 또한 첫 번째 세상의 파괴 원인도 우리들이 익히 잘 알고 있는 기독교에서 말하는 세상이 멸하는 과정과 매우 흡사하다. 이렇듯 자연을 지키는 수호신인 일곱 괴물 형제를 악한 존재로 묘사하는 부분도 아냐의 사례처럼 기독교의 전파 과정에서 과장되었을 확률이 높다.

브라질 원주민의 일상생활과 풍습

> "어떤 생명을 인간이라고 판단할 수 있는 본질적인 속
> 성이 제각각 다른 문화적 특성들에 내재하는 것이 아
> 니라 보편적인 문화적 특성 안에만 존재한다는 생각은
> 편견일 뿐이다. … 문화적 특수성, 아니 문화적 기이함
> 들이 오히려 인간을 결정하는 유전적 속성이 무엇인지
> 밝혀주는 가장 유익한 단서가 될지도 모른다."
>
> – 클리포드 기어츠(Clifford Geertz, 1926~2006)

들어가기

민족 정체성은 오늘날 세계화가 진행되는 상황 속에서도 나와 타자의 구분을 유지해주는 대표적인 변경의 표식이다. 민족이나 민족주의에 대한 논의는 주로 정치경제나 역사에 관심을 두고 있다. 그러나 더 일상적인 차원에서 민족 정체성을 검토하는 연구는 드물다. 아메리카 원주민은 이런 모든 층위의 민족주의나 민족 정체성 논의에서조차 배제된다. 유럽인들의 정복 이후, 아직까지도 원주민 인구가 전체 인구의 대다수를 차지하는 페루, 에콰도르, 볼리비아, 과테말라 같은 국가는 물론이고 그 반대 경우에 해당하는 브라질, 아르헨티나 같은 나라에서 원주민들은 여전히 소외된 계층으로 살아왔다.

그러나 21세기 들어, 특히 안데스 지역 국가들의 정권의 탄생과 유지에 원주민들의 정치적 영향력이 중요시되면서 '종족의 정치'가 새롭게 대두되었다. 수적인 다수이나 사회적 소수자이든 수적이나 사회적 모두 소수자이든 간에 남미에서 원주민은 현존하는 화석과

같은 존재가 아니라 그 지역과 국가의 정치와 사회 문화를 이해하는 데 중요한 요소이다. 하지만 이 글에서는 학술적으로 계급투쟁의 차원에서 남미 원주민의 사회·정치적 정체성을 논하지 않을 것이다. 그러한 논의에 들어가기 전에 그들이 영위해왔고 아직까지 영위하고 있는 일상생활 속의 여러 가지 문화적 요소들을 살펴보는 데 지면을 할애하는 것으로 한정 지을 것이다.

라틴아메리카 대륙의 절반 가까운 면적을 차지하고 있는 브라질은 식민 시대와 이민 역사를 통해 형성된 다인종적 혼혈사회를 구성하고 있다. 다른 국가들에 비해 비교적 인종 간 차별이 없는 나라로 통하고 실제로 그러한 '대중적'인 인식이 자명하다는 이데올로기적 효과가 실제로 작동된다.

대부분의 브라질 사람들은 인종차별이나 편견의 문제에 무의식적이라도 개입하지 않으려는 경향이 있다. 하지만 브라질 원주민처럼 국가라는 한 공동체 경계에 속해 있지만 그 안에서 아예 배제되거나 차별받고 소외받는 원주민들은 그러한 '이데올로기적 효과'에 가려져 오히려 자기 목소리를 낼 수 있는 기회나 힘을 갖지 못하는 경우가 많다.

브라질이 아직 '브라질'로 호명을 받지 않았을 때, 유럽의 세계사에는 브라질이란 국명도, 브라질인이라는 사람들도 존재하지 않았다. 브라질 북부 삐아우이(Piaui) 주 내륙에서 브라질 인류학자 니에지 기동(Nièce Guidon)에 의해 4만 8천 년 전에 인류가 활동했던 흔적이 발견되었다. 1970년대 프랑스 인류학자 아네트 레밍 앙파레르(Annette Laming-Emperaire)에 의해 미나스제라이스(Minas Gerais) 주의 라빠 베르멜류(Lapa Vermelha)에서도 1만 2천 년 전에 살았던 사람으로 추정되는 인골들이 무덤에서 발견되었고 그중 하나는 루지아

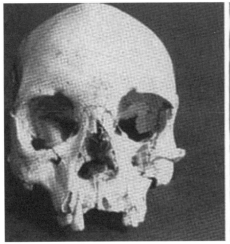

루지아의 두개골과 이를 바탕으로 복원한 얼굴 모양(출처: Brasil escola)

(Luzia)라는 이름을 얻었다.

브라질국립지리통계청(이하 IBGE)의 2010년 자료에 따르면, 포르투갈의 브라질 식민지배 당시 수백만에 달하던 원주민 수는 오늘날에 겨우 브라질 전체 인구의 0.4%에 해당하는 정도만 남았을 뿐이다. 식민 시대에 급격하게 감소한 원주민 수의 원인에는 전쟁과 이동, 인종 간 결합과 유럽에서 넘어온 질병 등 여러 가지 요인들이 복합적으로 작용했다.

"1600년 이후, 해안 인디오에 대한 기록이 차츰 줄어들어요. 해안선의 원주민들이 전멸한 것처럼 말이죠. 다른 부족들에게 흡수됐는지도 모르겠지만 웬일인지 해안 원주민들은 그렇게 사라져버렸어요."

– 마리아 이네스 라데이라(인류학자, 브라질 원주민 관리국)

대량의 인구 감소의 가장 직접적인 요인 중 하나는 바로 유럽에서 건너온 전염병이었다. 일반적으로 유럽인과의 접촉 초기에 발생한 원주민들의 급격한 인구감소는 유럽인들을 통해 의도되지 않았거나 이해하지도 못한 채 유입된 천연두, 볼거리, 홍역, 독감, 발진티푸스, 결핵 등 남미 원주민들의 면역체계의 부재로 나타난 재앙에서 비롯된 것으로 알려져왔다. 하지만 더 놀라운 것은 19세기에 브라질에서 백인들이 전염병을 인위적으로 퍼트려 원주민들을 말살하려고 했다는 사실이다. 그러나 모두 유럽인들이 원주민들의 멸족을 바란 것은 아니었다. 포르투갈은 원주민들이 자신의 왕의 충성스런 백성이 되기를 원했고 교회는 구제할 영혼의 숫자가 필요했으며 정착자들은 노동력이 필요했다.

이런 비극적인 일들이 라틴아메리카 전역에서 일어났고, 브라질에서는 인타깝게도 1960년대까지도 그런 사건이 발생한 기록이 남아 있다. 하지만 정부나 백인들은 이런 비인도적인 범죄에 대한 죄의식을 갖지 않았고 이런 사고의 바탕에는 역사적으로 발견 시기부터 원주민에게 가져왔던 그들의 인식이 반영된 것이다. 20세기에도 그런 인식은 대중적이고 국가통합 이데올로기의 기제로 사용된 '인종적 민주주의'라는 유토피아적 이상 아래에서 계승되어 원주민뿐만 아니라 아프리카 출신에 대한 사회적 편견을 재생산해나감으로써 사회적 차별을 빚어냈다. 그 결과, 이 땅의 주인이었던 존재들이 존재하되 존재하지 않는 존재, 혹은 천연기념물이나 살아 있는 박제 인형처럼 취급당하는 대상으로 전락되어버렸다. 원주민 학살이나 테러는 오늘날 21세기에도 심심치 않게 일어나는 사회문제이다. 그와 동시에 수천 명의 브라질 원주민들이 조상의 땅을 되찾기 위해 무단으로 농장들을 공격하고 점거하거나 국회의사당을 점거하는 등 생존을 위한 끊임없는 갈등은 계속 이어지고 있다.

브라질 발견 당시 유럽인들은 현지 원주민들의 모습, 생활방식 등을 유심히 관찰하고 기록했지만, 그것은 식민지 건설을 정당화하고 원주민들의 침묵을 강요했던 일방적인 시각으로 오늘날처럼 동등한 인간 대 인간의 입장에서 그들의 모습을 제대로 보기 힘들었다.

특히, 아마존을 탐사하러 들어온 유럽인들과의 조우가 이루어지기 전의 아마존 지역은 고립된 채로 수천 년 동안 자연의 일부로만 존재해왔다. 인간이 언제부터 그곳에 도래하고 삶을 영위했냐는 문제는 고고학자들의 노력에도 불구하고 아직도 미제이다. 다만 유럽인이 유입된 이후, 대략 16세기경 다양한 부족이 살아가는 아마존의 모습이 기록되기 시작했고 바깥세상으로 소개되기 시작했다.

아마존 사람들의 거주지는 강을 따라 죽 늘어서는 모습을 지녔지만 내륙이나 고지의 숲에서는 유목적인 채집 생활로 인해 주거지가 고정되지 않았다. 정착지가 커지면 분화되어 새로운 거주지를 찾아나서기도 하였다. 부족 간 교류 형태는 원한 관계나 여자나 아이 같은 노예를 얻기 위한 전쟁을 통해서가 대부분이었으며 적의 목을 베어 수집하는 호전적인 관습도 유지되었다고 전해지고 있다. 전쟁이 없었다면 불어나는 원주민 수를 자연이 감당하지 못했을 것이라는 분석도 있다.

브라질 원주민, 근대국가 형성 이전이므로 좀 더 정확하게 남미 원주민들이라고 부르기로 하자. 왜냐하면 식민 시대 초기에 백인들과 접촉했던 원주민들에게 사실상 브라질, 페루, 볼리비아라는 국명은 의미가 없었기 때문이다. 남미 원주민들의 삶은 1500년을 기점으로 180도 바뀌었다. 원주민들의 눈에 들어온 이방인들은 큰 돛이 달린 배를 타고 온 괴상한 인간들이었다. 그들은 몸을 천으로 가리고 머리색깔이 이상하고 수염을 길러 얼굴에 털이 나 있는 괴상한 용모를 가지고 있었다. 남미 원주민들은 대부분 체모가 적고 머리는 검으며 피부에 난 털을 뽑아버리는 풍습이 있다. 무엇보다도 원주민들에게 가장 큰 충격을 준 것은 총과 쇠로 든 칼이나 연장이었다. 당시 남미에는 금속문명이 없었기 때문이었다. 원주민들을 진짜 사람들로, 유럽인들처럼 각자 개성도 있고 장단점이 있는 개인들로 묘사한 최초의 사람으로 19세기 말에 브라질을 찾은 독일인 카를 폰 덴 슈타이넨을 꼽을 수 있다. 그는 원주민들을 사람으로 취급하지 않거나 혹은 고귀한 야만인이라는 신화에 빠진 낭만주의자에서 벗어나 그들을 인간으로 이해하려고 한 유일한 유럽인으로 기록되고 있다. 그의 기록을 보더라도 철기 문명이 없었던 원주민들에게 금속 칼날은 고립된 부족을 유혹할 수 있는 좋은 수단이었을 것이다.

원주민 무기

주술에 사용하는 무기와 일상 또는 전쟁에 사용하는 무기로 구분된다.

꼬뽀(kopó): 주술무기로서 '물의 무기'로 불린다. 창처럼 길이가 긴 무기로 창끝에 은을 박아 목표물에 심각한 자상을 입히게 만들어졌다.

우알루까뚜(Ualukatu): 주술 무기로서 '대지의 무기'이다. 가장 오래된 무기형태 중의 하나로 크고 무거운 곤봉에 해당한다.

활과 화살: 일상 생활에서 사냥에 쓰는 도구이다. 원주민들이 손으

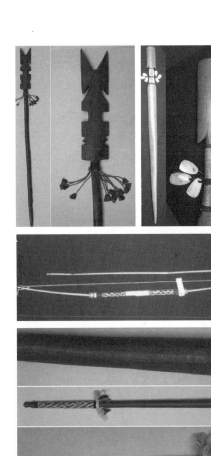

① 꼬뽀(kopó)
② 우알루까뚜(Ualukatu)
③ 자라바따나(zarabatana)
⑤ 보르두나스(bordunas)
⑥ 빠스삐(Paspi) : 창의 종류

로 만들어낸 가장 강력하고 정교한 도구이다. 활의 길이는 거의 2m에 달하고 화살의 길이는 2m가 넘는다. 활 하나 만드는 데 3일이 걸리며, 여자들은 부드러운 나무껍질을 얇게 쪼개어 양쪽 허벅지에 감아 활줄을 만든다. 화살은 나무를 찾아 불에 달궈 곧게 편 다음 화살촉을 붙이는 방식으로 만든다. 화살촉은 사냥감에 따라 달리 만드는데 큰 동물은 대나무로 만든 화살촉을, 원숭이는 단단한 나무로, 물고기는 날카롭게 간 동물 뼈를 붙여 만든다. 화살의 깃과 촉은 손으로 짠 목화실로 단단히 묶는다.

자라바따나(zarabatana): 사냥에 사용하는 일상 무기. 침에 독을 발라 입으로 불어 쏘는 화살이다.

보르두나스(bordunas): 전쟁 무기. 활과 같이 일상에서 쓰는 도구가 아니라 전쟁을 위한 도구이다. 적에게 타격을 주기 위한 육중한 나무로 만든 몽둥이로서 원주민 부족에 따라 명칭이 '마나까(manacã)', '딴가뻬마(tangapema)', '이비라뻬마(ivirapema)', '따까뻬(tacape)' 등으로 불린다.

빠스삐(Paspi): 주술 무기로 '저세상 무기'로 불린다. 일명 마법의 무기로 긴 창의 형태를 띠며 화살촉처럼 생긴 날들로 적에게 공포심을 안겨주고 실제로 치명적인 상처를 낼 수 있는 무기이다.

남미 원주민들의 문신

유럽인들이 처음 남미 원주민들을 접했을 때 발견한 원주민들은 자연 그대로 벌거벗은 모습이었다. 장식품이나 예복은 제례나 축하 예식에서만 사용했다. 대신 남미 원주민들은 옷 대신 몸에 장신구와 문신을 즐겨 했다. 장신구들은 앵무새, 독수리, 뚜까누(tucano: 큰부리새)의 깃털과 동물들의 부리, 발톱과 씨앗을 삼으로 만든 끈으로 엮

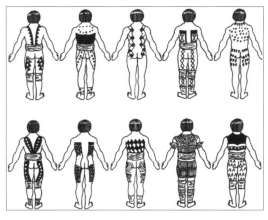

어 만들었다. 깃털로 만든 장신구는 남성의 전유물이었다. 목걸이는 귀신을 쫓거나 멋을 부리기 위해서 하는데 손수 짠 목화실에 씨앗이나 동물의 이빨, 깃털, 구슬 등을 꿰어 만든다.

몸의 문신은 남미 원주민들에게 일반적인 문화였는데 멋을 부리거나 미적 관점뿐만 아니라 부족에 따라 사회적 신분이나 기혼 여부를 구별해주는 용도로 사용하기도 한다. 물론 강한 태양으로부터 피부를 보호하고 벌레를 막아주는 기능도 수반한다. 염료의 원료는 식물의 열매나 씨앗에서 추출하는데 예를 들어, 붉은색은 '우르꿍(urucum)', 까만색에 가까운 파란 색깔은 '제니빠뿌(genipapo)'에서 뽑아낸 것이다. 문양은 기하학적인 형태를 띤다.

문신뿐만 아니라 원시부족이 토속신앙이나 축제에서 몸을 아름답게 치장하고 신체를 변형시키는 주술적 주얼리는 수천 년의 역사를 지니고 있다.

남미 원주민들의 식문화

남미 원주민들의 식문화는 기본적으로 사냥과 낚시 그리고 채집만으로 이루어졌다. 대부분 사냥과 낚시에 능했고 활과 화살 그리고 쿠라레(식물에서 취한 독성물질)를 바른 침을 입으로 불어서 쏘는 화살통과 단창을 이용하였다.

잦은 이주와 생존차원 이상의 음식을 축적하지 않았기 때문에 대부분의 문명사회에서처럼 농경, 목축, 양식하는 문화를 지니지 않았다. 남자의 역할이 사냥이라면 여자들의 역할은 자식을 낳고 작은 텃밭과 식용이 가능한 애벌레나 곤충을 채집하는 일이었다.

그러나 수렵과 채취뿐만 아니라 양식의 개념도 존재했다. 대표적인 것이 바로 거북이 양식이었는데 산란기가 된 암컷을 풀어주면 모

물고기 잡는 원주민 모습
(출처: 한스 스타텐, 『Duas viagens ao Brasil』)

원주민 여성들이 일하는 장면
(출처: 한스 스타텐, 『Duas viagens ao Brasil』)

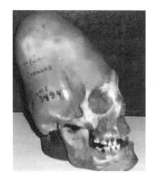

래톱으로 가서 알을 낳는다. 새끼 거북이들이 부화가 되어 나오면 등딱지를 뒤집어 구멍을 낸 후 매달아 와 수조에 넣어 양식하는 방식이었다. 식민지 시절 활동한 예수회 신부 아쿠냐의 기록에 따르면, 아마존 부족 중에 깜바베스족 혹은 오마구아족으로 불리는 부족이 거북이 양식에 탁월했다고 한다. 이 부족은 위 사진처럼 영아의 두개골을 눌러 기형으로 만드는 것으로 외부세계에 알려져서 유명해진 바 있다.

연구자들은 남미 원주민들의 고대 식문화를 알아내기 위해 동굴에서 발견된 고대인들의 배설물을 분자생물학적 방법으로 분석해냈다. 고대인들뿐만 아니라 현대시대에 문명사회와 고립되어 살아가고 있는 원주민들의 생활을 관찰하는 연구자들의 관찰에 따르면 원주민들에게 동물성 식품을 안정적으로 공급해줄 수 있는 가축이 없었음에도 불구하고 남녀 모두가 식물성보다는 동물성 식품을 선호하여 주로 먹었다고 한다. 집 안에 물을 비축해두는 습관도 없었지만 식민시대에 포르투갈 사람들에 의해 비로서 집 안에 물을 들여놓는 문화가 생겼다고 전해진다. 반면에 원주민들은 몸을 씻는 일이 일상이 아니었던 유럽인들에게 목욕 문화를 심어준 장본인이기도 하다.

사냥을 통해 얻어지는 육류가 불규칙하게 원주민들에게 공급된 반면, 이들에게 중요한 양식의 원천은 뿌리식물과 나무 잎사귀, 채소와 과일들이었다. 식물식량도 단순 채집과 재배 두 가지 경로를 통해 확보되었는데, 이미 잘 알려진 바와 같이 중남미 식물경작의 역사는 아래와 같이 주로 현재의 멕시코와 안데스 산맥 지역에서 이루어졌고 남미 지역은 주로 채집에 의존했다.

이름	원주민 재배		유럽인들의 발견		유럽으로 전해진 시기
	시간 (기원전)	상소	시간 (기원후)	장소	
옥수수	3500	멕시코	1492	쿠바	1494
감자	2500	페루고원	1532	페루	1585
토마토	?	멕시코?	1520	멕시코	?
칠리고추	6000	멕시코	1493	산토도밍고	1712
고추	2000	페루?	?	?	1784
땅콩	1500	동볼리비아	1500년 전	베이 군도	1528
카카오	?	중앙 아메리카	1502	바하마 군도	1560
목화	3500	페루	1492	바하마군도	1784

출처: 네이버지식백과사전

위의 표에 따르면, 오늘날 현대인들이 즐겨 먹는 대표적인 주식과 간식거리의 일부가 중남미에서 건너온 것이라는 사실을 알 수 있다. 특히, 옥수수와 감자는 시기상으로도 18세기 급속한 인구증가로 유럽이 기아와 기근에 시달릴 시기에 구황작물로서 큰 기여를 한 바 있다. 신세계에서 유럽으로 건너간 옥수수는 가난한 농민들의 주식이 된다. 그러나 농사지은 밀은 지주에게 지대로 바치고 옥수수만으로 끼니를 잇던 농민들은 '니아신' 결핍이라는 영양불균형이 일어나 '펠라그라'라는 무서운 풍토병이 발병하기도 했다. 그래서 옥수수는 가난한 사람들의 음식이라는 이미지가 붙게 되었다. 유럽으로 건너온 감자의 경우, 땅속에 파묻혀서 자라는 뿌리식물이라는 탓에 약탈과 방화라는 전쟁의 피해를 덜 받는 식량이 되었다. 그러나 초기 품종개량의 실패, 감자로 빵을 만들 수 없다는 사실 때문에 짐승의 사료로 쓰이는 등 사람들의 외면을 받기도 했다.

신의 축복, 만디오까(mandioca)

감자가 유럽으로 건너가서 유명해졌다면 남미에서는 원주민들의 주식으로 가장 대표적인 뿌리작물로서 '만지오까(Mandioca)'를 들 수 있다. 마야문명 때부터 그 재배흔적을 찾아볼 수 있다고 한다. 학명으로는 '마니호트 에스쿨렌타(manihot esculenta)' 혹은 '마니호트 우틸리시마(manihot utilissima)', 뚜삐(Tupi) 원주민 말이나 브라질 포르투갈어에서는 만디오까(mandioca), 스페인어로는 유까(yuca), 카리브 지역에서는 까싸바(cassava)로 불리는 작물이다. 이 작물이 우리나라에는 아직 잘 알려져 있지 않지만 인류 전체에 있어 쌀, 옥수수 다음으로 중요한 식량 공급원이기도 하다.

만디오까는 인류가 초기에 채집생활에서 농경생활로 옮길 수 있게끔 해준 슈퍼 작물이다. 겉껍질은 갈색이고 속은 하얀색인데 이 덩이뿌리에는 칼슘과 비타민C가 풍부하고 20~25%의 녹말이 들어 있다. 영양학적으로 단백질, 지방이 없고 대부분 탄수화물로만 이루어져 주식으로 삼기에는 영양불균형을 가져올 수 있기도 하다. 이 만디오까가 지닌 최대의 장점 중 하나는 재배가 쉽다는 점이다. 씨 뿌릴 필요도 없이 대를 잘라서 땅에 다시 심으면 된다. 계절에 상관없이 심고 2년 동안 내버려두면 1미터가 넘는 크기로 덩이줄기가 자란다. 자체 독성이 있기 때문에 병충해에도 강해서 슈퍼 작물이라고 불

리는 것이다. 그러나 이미 언급했듯이 만디오까는 사이안화물 계열의 독성이 함유되어 있어 먹기 전에 독성을 제거해야 하는 식량자원이기도 하다. 식민 시대 초기에 식량 확보에 문제가 많던 유럽인들이 독성 제거 방법을 몰라 많이 희생되었다고 한다.

만디오까에서 독성을 제거하는 침출 방법

1. 깨끗하게 물에 씻어 썬다.
2. 껍질을 벗기고 하얀 속살을 빻아 과육으로 만든다.
3. 빻은 과육을 '티피피(tipiti)'라고 부르는 나뭇잎으로 대각선으로 엮어 물을 먹으면 팽창과 수축이 되는 기다란 관(한쪽이 막힌)에 넣는다.
4. 물을 먹은 만디오까 과육이 들은 관을 나무틀에 매단다.
5. 바닥에 무거운 나무가 돌을 달아 관을 길게 늘어뜨렸다가 다시 수축시키면 독성을 머금은 물과 전분이 빠져나온다.

독성을 추출한 만디오까는 부족에 따라 다양한 방식의 음식으로 변하게 된다. 특히 만디오까를 구워 작은 낟알 가루로 만들면, 이를

| 잘라낸 만디오까 | 껍질을 벗긴 과육 | 티피피 |
| '티피피'로 독성 침출 중인 만디오까 | 끓여서 독성을 제기 | 열을 가해 파리냐(가루)로 볶는 중인 만디오까 |

출처: http://www.arara.fr/BBMANDIOCA.html

파리냐(farinha)로 부르는데 이 형태로 장기적인 보관도 가능해서 식민시대 모든 원정부대의 주식이 되었다. 독성을 제거하는 작업 뒤에 침출된 과육을 끓이면 우윳빛을 띤 알코올성 음료가 된다. 이를 까시리(cashirí), 까이웅(caium)으로 부르며 원주민 축제에서 흥을 돋는 데 쓰였다.

지구상 대부분의 현대인들은 하루 세끼를 보편적인 것으로 삼고 있지만 원주민들은 대개 밥 먹는 시간이 정해져 있지 않다. 예를 들어, 물고기를 주로 주식으로 하는 강기슭 부족은 누군가가 물고기를 잡아오면 그때가 새벽일지라도 모두가 일어나서 먹는다. 가족들에게 단백질을 공급하기 위해서 남자는 하루 중 4~6시간을 사냥이나 낚시에 투자해야 한다. 반면에 여자는 4인 가족 기준으로 일주일에 12시간 정도 채집 활동에 나가야 한다.

원주민 주거문화

오까(Oca)

일반적인 주거형태로서 대표적으로 뚜삐 과라니족 가족집단이 거주하는 형태이다. 나무기둥과 야자수 잎과 갈대로 지붕을 이은 커다란 초가집 형태로서 여러 가족들이 같이 들어가 살 만큼 큰 공간을 가진다.

말로까(maloca)

아마존 지역(브라질과 콜롬비아) 원주민들이 거주하는 공동체 주거형태이다.

따바(taba)

오까보다 작은 규모의 초가집 형태이다. 오까처럼 뚜삐 과라니족의 주거형태이며 아마존 지역 부족들이 사용하는 명칭이기도 하다.

따뻬라(Tapera)

'따뻬라'는 뚜삐어로 '버려진 마을'이란 뜻으로 원주민들이 버리고 떠난 주거지를 일컫는 말이다.

오삐(Opy)

종교제례나 신성한 의식을 행할 때 사용하는 공간이다.

오까

말로까

오까 내부

원주민들의 결혼

결혼은 대체로 동족 간 결혼과 일부일처제를 유지하였으나 추장의 경우는 자신의 능력이 닿는 한 여러 부인을 둘 수 있었다. 그러나 뚜삐족의 경우 삼촌과 조카 간의 결혼, 사촌 간의 결혼 그리고 형이 사망하면 동생이 형수와 같이 사는 풍습이 있었고 다른 부족의 여성을 원할 시엔 미래의 장인댁을 위해 일정 기간 일을 하였다. 기타 다른 부족들 경우는 결혼하기 전 여러 가지 테스트를 거쳐야 했는데 그중 까라자스(carajs) 부족의 경우는 무거운 통나무를 짊어지고 일정한 거리를 운반하는 테스트를 통과해야 했고 꾸리나족(curinas) 경우는 엄청난 채찍 테스트를 통과하여야 했다. 파다한족은 부락의 거의 모든 이성과 관계를 맺는 것이 허용될 정도로 부족마다 그 풍습은 다르다.

꾸냐멤비라(Cunhamembira)

원주민 말로 '적군의 자식 축제'라는 뜻으로, 인디오들은 인육을 먹을 때 타 부족의 주요 인사들도 초대하곤 했는데 한 가지 재미난 사실은 포로를 죽이기 며칠 전에 융성한 대접을 해주었다고 한다. 그래서 이따금씩 그에게 자기 종족의 여성을 짝지어 주기도 했으며 그 결과 포로가 죽고 난 뒤 종종 아기가 태어나기도 했다. 태어난 아기의 어머니는 갓난아기를 가장 가까운 친지에게 넘겨줘야 했고 이 친지는 그 아기를 '꾸냐멤비라'라는 예식을 치른 뒤 살해했다. 그 뒤 제일 먼저, 아이를 낳은 어머니가 그 아기의 인육을 먹도록 되어 있었는데 모성애의 본능이 부족의 전통보다 강했던지라 그 어머니는 아기를 자기 부족이 양육해줄 것을 애원하거나 때로는 아기를 데리고 숲으로 도망가곤 했다고 한다.

꾸루밍스(curumins)

원주민 말로 어린아이라는 뜻으로, 어린아이들은 어릴 때 엄마 등에 업혀 자라서 조금 커서는 진흙으로 만들어진 동물 형상의 장난감을 갖고 놀거나 집에서 기르던 작은 새들을 벗 삼아 놀았다고 한다. 또 공을 갖고 노는 것을 즐겼는데 이 공은 보통 나무에서 나온 라텍스로 만들어져 무척 가벼웠고 주로 머리와 등으로 공을 주고받는 게임을 즐겼다고 한다. 그리고 사춘기 나이에 들어선 남자들의 경우, 이른바 '성인의 집'에 일정 기간 입주하여 자기 부족의 노인들로 부터 사냥, 낚시, 전쟁, 노래, 풍습 등을 배워 성인식을 치렀다고 한다.

꼬우바지(couvade)

이 풍습에 따르면 산모가 아기를 낳을 때 원주민 남편은 사냥이나 낚시와 같은 남자 몫의 일을 멈추고 신중히 처신을 하면서 거의 금식에 가까운 생활을 하였다고 한다. 이에 대해 여러 가지 해석이 분분하지만 모계제 사회에서 주로 보이는 풍습으로 여자에게 굴종하는 남자의 태도를 상징하는 것으로 해석하기도 한다. 이런 해석의 바탕에는 아버지와 아들의 생명이 밀착되어 있으므로 아비가 자식을 직접 기르면서 분만과 생육의 무사를 기대하고, 남편이 아내의 생리적 고통을 나누어 가지는 형태를 취함으로써 아이의 아버지임을 과시하고, 분만에 지장을 주는 악령을 아내로부터 자신에게 돌리려는 의도를 담은 행동으로 해석되고 있다.

남미 동식물의 다양성

남미에 위치한 아마존의 우림은 780만km²에 달하는 땅 위에 펼쳐져 있는데 이는 남미대륙의 40%를 차지하는 면적이다. 이는 또한 지구면적의 2%에 해당한다. 아마존 강은 6,500여km를 흘러 대서양에 흘러들어 가는 커다란 강이다. 16세기 초 포르투갈과 스페인 사람들이 첫 발을 디디면서 유럽 사람들에게 무한한 상상력과 모험심을 자극했던 지역이기도 하다.『톰소여의 모험』으로 유명한 미국작가 마크 트웨인마저 아마존 여행을 꿈꾸었다고 한다.

2016년 들어 브라질에 이집트 모기를 통해 감염되는 '지카 바이러스' 홍역을 치르고 있다. 브라질의 종 다양성은 상상을 초월할 정도이고 온대지역에 사는 우리는 그것에 무지하기 때문에 실제 사실보다 더 공포스럽게 다가올 수도 있다. 사실 브라질 도심지역에서는 댕기(dengue) 모기가 더 심각한데 3~5일의 잠복기 후에 고열, 두통, 근육통, 식욕부진이 지속되다가 온몸에 붉은 반점이 퍼지고 코피가 나거나 잇몸에 출혈이 일어난다. 치사율은 높은 편이지만 치료를 통해 후유증 없이 나을 수 있는 병이기도 하다. 모기뿐만 아니라 파리도 위협요소가 된다. 사람 피를 빨아먹는 '무뚜까스(mutucas)'라는 이름의 파리는 물린 사람에게 미칠 정도의 가려움증을 유발시킨다.

수생 동물

피라냐(piranha)

아마존은 전 세계 민물 어류의 30%를 차지할 정도로 세계에서 가장 큰 담수 동물군의 보고이다. 영화를 통해 잘 알려진 식인물고기 피라냐(piranha)는 사실상 출혈이나 격한 움직임이 없으면 덤비지 않는다. 실제로 위험한 시기는 물이 줄어드는 건기인데 피라냐의 이빨이 날카로운 이유가 육식 때문이기도 하지만 식용 가능한 나무열매의 껍질을 깨부수기 위해 진화된 것으로 보는 견해도 있다.

땀바끼(tambaqui)

아마존 강 중류에 주로 서식하며 고무나무 열매 씨앗을 즐겨 먹는 어종으로, 무게는 평균 15kg에 달한다.

피라루꾸(pirarucú)

현존하는 고대어로 알려져 있다. 세계 최대의 담수어로 몸길이 2.4~5m, 몸무게는 200kg에 달한다. 오늘날 아마존에서 식용으로 양식도 하지만 국제거래는 규제대상이다. 비늘은 말려서 장식품으로 사용하기도 하는데 손톱을 가는 용도로 쓸 정도로 강도가 높다.

아마존 민물돌고래

분홍 피부색을 띠며 무게는 160kg 정도 나간다. 포르투갈어로 '보뚜(boto)'라고 불린다. 세계 5대 멸종위기 동물 중 하나이다. 이 돌고

래의 특이한 외모로 인해 인간에게 접근하여 처녀를 임신시킨다는 전설이 유명하다. 전설로 내려오는 신비감 때문에 아마존 사람들은 돌고래를 사냥하거나 포획하지 않는다.

민물가오리(Stingrays)

얼룩덜룩한 보호색을 띠고 모래강 바닥에 반쯤 파묻혀 있어 발견하기 쉽지가 않지만 독이 있는 꼬리에 쏘이면 기절하거나 심하면 사망에 이를 수도 있다고 한다. 따라서 아마존을 여행할 때 얕은 물을 건너는 방법은 발을 무작정 내딛지 말고 숨어 있는 가오리가 드러나도록 발을 질질 끌면서 걷는 것이 좋다.

카이만(caiman) 악어

중앙아메리카에서 남아메리카에 걸쳐 서식하는 악어인데 엘리게이터과에 속한다. '카이만'은 악어를 의미하는 카리브 해 지역 원주민 말에서 유래된 것으로 마치 안경을 쓴 것 같은 모습을 띠어 안경카이만이라고도 불리고 애완용으로 기르기도 한다. 이들은 작고 겁이 많아 사람을 위협하지 않고 밤에 불빛으로 유인하여 쉽게 사냥이 가능하다. 그러나 7~8m까지 자라는 검정 카이만 악어는 전 세계에서 가장 큰 파충류 중 하나로 성질이 아주 거칠어 위험한 대상이다.

육상동물

남미는 아프리카처럼 커다란 포식동물이 존재하지 않았다. 먹이 사슬의 최고점은 재규어로서 좀처럼 그 모습을 보기는 어렵다. 대표적인 동물을 소개해보자.

따뚜(tatú)

2014년 브라질 월드컵 공식 마스코트였던 '플레코'의 정체이기도 하다. '플레코(Fuleco)'는 포르투갈어로 축구인 'futebol'과 생태를 의미하는 'ecologia'를 합성한 단어이다. 따뚜가 남미를 상징하는 동물로 지정되어 광고 등 다양한 상업적 용도로 활용되었지만 정작 각종 개발 사업으로 서식지가 파괴되면서 최근 10년간 개체 수가 30% 넘게 감소하고 있다. 같은 지구에 속한 생명체로서 인간이 보여주는 이기심의 좋은 예라고 할 수 있다.

플레코

따뚜볼라(출처: 나무위키)

크기가 12.5~100cm에 달하는 남미의 토종동물 '따뚜(tatu)'는 '아르마딜로과'에 속하는 포유류로 분류된다. 아르마딜로 중에서도 남미산 아르마딜로만이 공처럼 몸을 구부릴 수 있다. 가장 크기가 큰 자이언트 아르마딜로(75~100cm)는 멸종위기종이다. 야행성이고 굴속에서 지내는 따뚜는 브라질 원주민들이 좋아하는 사냥감 중의 하나인데 육질이 돼지고기와 비슷하다고 한다. 하지만 체온이 낮은 동물이라서 한센병균을 보유하고 있을 확률이 있어 야생동물은 섭취하지 않는 것이 좋다고 한다. 스페인, 포르투갈 식민지시대에는 유럽에서 넘어온 기타를 원주민 음악에 맞게 개량한 '차랑고(charango)'의 울림통 부분을 아르마딜로 등가죽으로 만들었다고 한다. 이 등가죽은 총알이 튕길 정도로 견고하다고 한다.

아르메딜로 탄생에 대한 전설

"거북이와 고슴도치는 아주 친한 친구였다. 어느 날 재규어가 나타나서 그 둘을 잡아먹으려고 했는데, 재규어는 어미에게 들은 대로 고슴도치를 물에 넣고 거북을 발로 차려고 했다. 그러자 고슴도치와 거북은 "아냐, 고슴도치를 발로 차고, 거북을 물에 넣는 거야!"라고 거짓말을 했고, 헷갈린 재규어는 그렇게 하였다. 당연한 이야기지만 물에 들어간 거북은 그대로 도망쳤고, 고슴도치를 발로 찬 재규어는 발을 가시에 찔려 낭패를 보았다. 그렇게 해서 둘은 일단 살았지만 재규어가 복수를 하러 올 것이 뻔했기 때문에 서로를 닮아서 재규어를 속이기로 했다. 그래서 남미에서는 고슴도치가 수영을 하고, 몸을 말던 거북은 아르마딜로가 된 것이다."

뻬까리(pecari)

야생돼지의 일종으로 30마리씩 혹은 종류에 따라 몇백 마리까지 무리 지어 다니며 먼 거리를 이동하고 헤엄에도 능하다. 등 위에 냄새 분비샘이 있어 방어나 성적 공격성 표출, 사회적 유대감 등을 표현하는 데 쓰인다. 숲 바닥을 파헤치는 습성이 있어 종자확산에 중요한 역할을 하며 어금니가 튼튼해서 단단한 야자열매도 단번에 깨뜨린다.

까삐바라(capivara)

아마존에는 110종에 달하는
설치류가 있는데 그중 가장 대
표적인 것은 오른쪽 그림에 보
이는 것처럼 커다란 비버나 쥐
와 같이 생긴 까삐바라이다. 길
이는 1m가량이고, 원주민들과
식민지시대 초기 백인들의 단
백질 공급원이 되기도 했다.

파충류

남미의 밀림은 뱀으로도 명성이 높다. 196종으로 구분되는데 그
중에서 아마존 지역에만 82종이 서식한다. 헐리우드 영화에서 단골
로 등장하는 아나콘다도 그중 하나이다. 인간에게 치명적일 수 있는
뱀은 성체가 9m에 달하고 현지에서 '수꾸리(sucuri)'라고 불리는 아
나콘다, 머리 모양이 창날 형태를 띤 '자라라까(jararaca)'와 방울뱀이
다. 이 뱀들은 먹잇감의 체온을 감지해서 사냥을 하기 때문에 일렬로
선 행렬에서 서너 번째 사람이 공격당할 확률이 높다고 한다. 브라
질에는 상파울루대학교(USP)에 세계적인 독사연구소 '부딴따연구소
(Instituto Butantã)'가 존재한다.

도마뱀은 138종이 서식하며 그중 111종은 아마존에만 살고 있다.
원주민들은 파충류 중에서 이구아나를 사냥해서 고기와 알을 얻는
다. 양서류는 약 406종이 존재하며 이중 85%가 아마존에 자생한다.
레몬색이나 검푸른 물결무늬를 지닌 개구리 '덴드로바스 레우코멜라
스'의 독은 화살촉에 바르는 '쿠라레'로 사용된다.

기타

상기에 언급한 동물들 외에 아마존에 서식하는 427종의 포유류 가운데 거의 전부가 나무를 기어오를 수 있다고 한다. 아마존에서는 대부분의 동물이 땅이 아닌 사람 머리 위에 있을 수 있다는 얘기이다. 그 대표적인 동물로 원숭이를 들 수 있다. 국가권역으로 브라질에 해당하는 지역에 소식하는 영장류는 75종에 달하며 다른 지역보다 두 배나 많다. 원숭이는 남미 원주민들에게 고급 단백질 공급원으로서 전통적인 사냥감에 해당된다.

박쥐도 158종이나 되는데 오늘날까지 도심지에 흡혈박쥐가 출현하는 일이 발생하고 있어 주의 경보가 내리는 경우가 많다. 새는 약 1,300종에 달하며 가장 매력적인 종은 마고앵무새(현지에서는 '아라라'라고 부른다. 앵무새가 우는 소리를 흉내 내어 지은 이름이다), 앵무새, 잉꼬를 들 수 있다. 열대우림에서 운이 좋으면 '아라라'들이 절벽에 떼를 지어 붙어 무언가를 쪼는 광경을 볼 수 있다. 콜파 미네랄이라는 것을 쪼는 것인데 그 이유에 대해서는 아직 정확하게 밝혀진 바가 없다. 재밌는 것은 작은 종부터 순서대로 날아와 쪼는 모습이다.

식물군

아마존은 세계에서 가장 높은 생물 다양성을 보유하고 있다.

워낙 포식자들이 다양한 남미 열대우림의 나무들은 종자를 퍼뜨리기 위해 모든 수단을 동원한다. 열대우림은 낙엽이 져서 부식토가 형성되지도 않고 형성된다 해도 그 분해과정이 너무 느리다. 따라서 열대우림의 나무들은 뿌리가 얕고 토양이 빈약한 편이다. 물, 토양과 햇빛이라는 좋은 성장 요인을 갖춘 반면에 이런 깨어지기 쉬운 생태학적 환경 때문에 열대우림이 한번 파괴되면 되살리기 불가능하다고 하는 것이다. 아마존 열대림의 또 하나 특징은 유사한 생태학적 조건을 가진 식물들끼리 한곳에 몰려 있다는 것이다. 가장 유명한 것은

'빅토리아 아마조니카' 혹은 '빅토리아 헤지나'라고 불리는 커다란 수련이다.

이 수련은 잎 길이가 2m까지 자라 앞의 사진처럼 어린 아기의 몸무게를 지탱할 정도로 그 크기를 뽐내며, 하얀 꽃잎이 50장 이상으로 피어나 향기를 내뿜는다.

4월이면 한국에 어김없이 벚꽃의 향연이 펼쳐진다. 브라질에도 벚꽃과 비슷한 꽃나무가 있다. 꽃 색깔이 노란색, 자주색이라 꽃이 흐드러지게 핀 모습을 보면 몽환적이다. 아마존에서는 이 나무를 '빠싸르벵(passar bem)'이라고 부르는데 '회복'이라는 의미이다.

아마존 강 운송수단(Barco recreio)

　배 맨 위 갑판은 공용장소이고 맨 아래 갑판은 창고로 사용한다. 대개 3층으로 배를 만든다. 갑판의 천장 높이는 180cm 정도 된다. 아마존 강에 띄우는 이 배는 규격이 일정하다. 방수가 되고 단단한 '이따우바(itauba)' 나무를 재료로 두께 10cm 정도의 널빤지를 만들어 선체의 골격을 세운다. 3~5cm 두께의 널빤지로 선체 바깥 면을 덧대고 널빤지 틈은 로프나 끈으로 채워 촘촘히 메운 다음에 페인트칠을 해서 마감을 한다. 갑판에는 벽이 없고 천장에는 해먹을 걸 수 있는 고리들이 마련되어 있다.

원주민의 식인풍습

라틴아메리카의 식인풍습에 관한 유럽인들의 평가는 단순하게 인류학적 차원에서 이루어진 것이 아니다. 신대륙 정복 초기부터 여행자들의 수기를 통해 유럽에 알려진 원주민들의 식인풍습은 유럽인들에게는 아메리카대륙의 식민화와 노예화를 정당화하는 구실을 제공했다.

훗날 이 식인풍습은 1920년대 브라질 모더니즘의 '식인종 선언'의 정신과 1950년대부터 진행된 브라질 트로피칼리아(Tropicalia) 운동의 연속선상으로 이어져 브라질 민족의 정체성 형성의 근간이 되었다. 브라질의 식인풍습은 여러 여행기를 통해 유럽에 전해졌지만 그중에서 가장 상세하게 기술하고 있어 신뢰성을 보이는 서적은 독일 출신의 한스 스타덴이 출판한『진실한 이야기와 신세계에 위치한 거칠고 나체이고 야만적인 식인종들이 살고 있는 나라에 대한 묘사』(1557)였다. 이 책은 저자인 한스 스타덴은 원주민 마을에 포로로 잡혔던 경험담뿐만 아니라 브라질의 자연환경과 원주민들의 생활상을 자세하게 기록하고 있다.

원주민은 식인 축제가 벌어지기 직전 공포에 떨고 있는 포로에게 다가가 육체는 먹히더라도 영혼은 다른 세계에 가서 행복할 수 있다며 위로한다. 기록에 의하면 포로는 보통 여덟 달 동안 같이 지낼 아내까지 붙여준 후에 잡아먹었다고 한다.

포로가 원주민(뚜삐남바족)에 의해 마을에 끌려오면 처음엔 여자들과 아이들에 의해 얻어맞는다. 그런 다음 그들은 포로를 회색 깃털로 장식시키고 눈썹을 밀고 포로들 주위에서 춤을 추는데 포로가 도망가지 못하도록 단단히 묶어놓는다. 그들은 포로의 시중을 들고 짝을 맞출 여인도 제공한다. 만약 여인이 임신을 하게 되면 그들은 아이가 성장할 때까지 기른다. 그러다 기분이 내키면 아이를 죽여서 잡아먹는다. 그들은 준비가 될 동안, 포로를 잡아두면서 잘 먹인다. 모든 준비가 끝나면 그들은 포로를 언제 죽일지 결정하고 다른 마을의 야만인들에게 언제 오라고 초대한다. 이틀 전쯤에 모든 배를 음료로 채운다. 여자들이 음료를 만들 동안 그들은 포로를 한두 번 공터에 끌고 나와 그의 주위에서 춤을 춘다.

포로를 처형하는 모습

외지에서 온 사람들이 다 모였을 때 족장이 그들을 환영하고 이야기 한다. (…) 족장은 나와서 곤봉을 잡고는 포로를 쓰러트릴 형 집행자의 다리 사이에 곤봉을 밀어 넣는다. 형 집행자는 커다란 영예를 얻은 것이다. 그는 곤봉을 받아 쥐고는 포로에게 말한다. "너의 친구들이 우리 친구들을 많이 죽였기 때문에 나는 너를 죽일 것이다." 포로는 대답한다. "내가 죽더라도 나의 많은 친구들이 복수하기 위해 올 것이다." 그러면 형 집행자는 곤봉으로 포로의 뒷머리를 사정없이 내려친다. 여성들은 곧바로 포로를 잡고서 불로 가져가 피부를 문질러 하얗게 만들고 나무 조각을 엉덩이에 놓아 흘러내리는 것을 방지한다. (죽은 포로가) 껍질이 벗겨졌을 때 형 집행자는 남자의 무릎 위 다리와 팔을 자른다. 그러면 네 여자가 네 개의 부위를 잡고서 기쁨

처형된 포로를 해체하는 모습

으로 소리치며 오두막 주위를 돈다. 그런 다음 엉덩이와 뒷부분을 자르고 앞부분을 사람 수에 맞게 나누어 가진다.

여자들은 내장을 수거한 후 끓여서 밍가우라고 부르는 걸쭉한 수프를 만든다. 그들과 아이들은 이것을 마시고 내장을 먹는다. 그들은 머리의 살도 먹는다. 젊은이들은 뇌, 혀, 그리고 뭐든지 먹을 수 있는 것들을 다 먹어치운다.(Staden 2008, 131-137)

원주민 언어

남미의 대표적인 원주민 거주지인 아마존에서 부족의 구분이나 부족 간 이동의 흔적을 알려주는 좋은 도구는 바로 언어이다. 아마존에 처음 살게 된 사람들의 경로에 대한 학설은 일반적으로 두 가지로 나뉜다. 첫 번째는 잘 알려진 '베링기아'를 통한 아시아 이주설이다. 이 가설의 근거는 아메리카 대륙에 남아 있거나 사멸한 원주민들 언어 사이의 유사성에 기인한다. 두 번째 주장은 이주설과 달리 선사시대부터 아마존에 대규모 사회와 문명이 자리 잡았다는 가설이다. 아마존 원주민들의 언어에도 여러 가지 줄기가 존재하는데, 유럽인이 처음 접한 원주민어는 뚜삐어(Tupi)이다.

뚜삐어(Tupi)

뚜삐어, 혹은 뚜삐-과라니어(tupi-guarani)로 불리는 이 언어는 브라질 땅의 대서양 연안과 아마존 강의 주요 지류까지 수천km에 분포된 언어였다. 식민개척시대 당시 예수회 신부들이 이 언어를 기반으로 만든 '링구아제라우(língua geral)'를 공용어로 사용했다. 문법책과 사전까지 편찬되었을 만큼 식민지 시대에 널리 통용되었다. 오늘날에도 뚜삐(과라니)어는 파라과이의 제2 공식어이기도 하다.

제어(Jê)

브라질 중부에 거주하는 부족들이 사용한 언어. 까이아뽀, 샤반치, 딤비라 부족이 대표적인 제어 사용 부족이다. 이 부족들은 일반적으로 물가에서 떨어진 평원이나 브라질 고원지대에서 생활했다. 이 부족들은 무거운 통나무를 메고 달리는 경기를 통해 체력을 단련하고 달리는 속도가 무척 빠르다. 무기는 나무로 만든 묵직한 곤봉을 사용했다.

아라와크어(Arawak)

플로리다와 카리브 해 인근과 아마존 분지에 사는 부족들이 사용한 언어이다.

카리브어(Caribe)

기아나, 수리남, 브라질의 마꾸시족, 띠리요족에서 사용하는 언어. 카리비 섬 지역에서 이 언어를 사용하는 부족은 거의 멸족한 상태이다.

오늘날 원주민 거주 지역의 분포를 통해 브라질의 정치·경제적 발전의 궤적이 남긴 역사적 흔적을 살펴볼 수 있다. 대부분 북부 지역, 중부, 남부 지역에 거주하는 인디오들은 자신의 언어를 유지해가고 있지만 나머지 지역에서는 도시화에 밀려나고 있는 상황이다. 이처럼 브라질 인디오의 경우도 자신의 언어와 문화를 고집하는 집단, 이중언어 사용집단, 포르투갈어만 사용하는 집단으로 점차 분화되고 있다.

원주민 집단은 주류사회와 문화접변을 통해 4가지 유형으로 나누어 볼 수 있다.

1. 고립 부족: 단일한 부족어 사용 또는 피진어 사용(예: Yanomani어)
2. 통합 유형: 기존 브라질 사회에 편입된 집단으로 포르투갈어 사용
3. 주변사회와 지속적인 접촉을 유지하는 유형: 원주민어와 포르투갈어 이중언어 사용
4. 간헐적으로 접촉을 유지하는 유형: 원주민어와 포르투갈어 이중언어 사용

나가기

현재 남미 원주민은 아직 고립된 부족도 존재하고 이미 물질문명에 노출되어 종속적인 삶의 궤도에 빠진 경우도 있으며, 물질문명에 아랑곳하지 않고 자신의 삶을 유지해가는 부족들도 있다. 이들이 17세기에 처음 유럽문화와 처음 접한 사건은 직간접적으로 큰 충격이었을 것이다. 낯선 존재와의 만남뿐만 아니라 처음 보는 신기한 물건들과 많은 사람들의 목숨을 앗아간 전염병은 그들이 고수해온 공동체를 붕괴시킨 바 있다. 브라질 역사에 있어 인디오들은 브라질 국민 형성뿐만 아니라 그들의 관습과 습관의 형성에도 지대한 기여를 했다. 이러한 기여에도 불구하고 오늘날까지 브라질의 위정자들은 원주민들의 토지소유 권리를 보장하는 구체적인 조치조차 마련하지 못하고 있다.

원주민들은 유럽인들이 도착한 이후부터 줄곧 그들의 터전과 땅

을 백인들에게 빼앗겨왔고, 오늘날까지도 그들이 국가로부터 보장 받은 땅들마저 개발 논리, 사유재산권의 논리, 법, 특히 대기업과 대 농장주들의 침입에 위협받고 있다. 그런 상황에 반해 그들이 지닌 법 적인 지위는 미성년자 수준에 그치고 있고, 투표권과 법적재산권도 없는 상태이다. 인디오들의 토지 소유와 관습을 유지할 수 있는 권 리는 1910년 '인디오 보호청(SPI)'에 의해 최초로 언급되었다. 그 후 1973년 군부시대에 '인디오 법'을 설치했다. 이 법령에 따르면, 원주 민은 스스로 자립할 수 없고 국가의 도움 없이 생존이 불가능한 무 능한 존재로 간주하고 있다. 1988년 헌법에는 자신들이 살아온 땅에 대한 권리가 인정되는 조항을 추가됐지만 여전히 소유권은 국가에 귀속시켰다. 무엇보다도 기본적으로 필요한 것은 원주민들의 토지 소유권을 인정해주어 그들이 자체적으로 살아갈 수 있고, 그들의 언 어와 문화를 존속시킬 수 있는 근본적인 토대를 마련해주는 것이다. 이미 보호구역을 떠나 도시에 편입된 사람들에게는 사회적 소수자 보호차원의 지원을 제공해야 할 것이다. 지금까지의 성과로는 1988 년 수정된 브라질 헌법의 인디오 보호법을 통해 조상 대대로 살아온 원주민들의 토지 소유권을 인정받을 수 있는 가능성이 최소한으로 마련된 바 있다.

이전에 원주민들을 대상으로 세웠던 교육 목적은 모더니즘 사상 과 근대국가체제 구축이라는 국가통합 차원에서 그들의 존재를 국 가가 의도하는 '다른 무엇'으로 변화시키려는 의도에 있었다. 그러나 현재는 고립 부족이든 현대사회 편입에 친화적인 부족이든 간에 강 제적인 동화정책은 명분도 없고 바람직하지도 않다. 현재로선 정부 와 민간단체의 지원 아래 이중언어 교육과 특별하고 차별성 있는 간 문화적 교육을 통해 원주민어도 보존하면서 순차적으로 브라질 사회에 편입할 수 있게 하는 것이 유일하고도 현실적인 대안이다. 동시에 이미 도시에 유입된 원주민과 후손들을 사회적으로 포용하는 문제에 대한 고민도 시급하다.

2부
원주민의 현실과 철학
그리고 실천

지구상에 남아 있는, 태초의 땅

안데스의 원주민과 '좋은 삶(Buen Vivir)' 철학

마야 원주민 운동의 현재와 미래

지구상에 남아 있는, 태초의 땅
: 아마존 원주민의 '어제'와 '오늘'

"옷을 벗으면 인간이 보인다. 돈을 받고 벗으면 몸매만 보이지만, 자연 속에서 자연으로 벗고 있으면 '자연'이란 이름의 인간이 보이는 것이다"

-정승희

이 글은 아마존이라는 명칭이 어떻게 유래가 되었는지, 아마존 지역은 남미 몇 개의 나라에 걸쳐 있는지, 그리고 아마존 인디언(종족)들, 그 부족의 수는 얼마나 되는지와 같은 지엽적인 질문을 시작으로, "[과거] 아마존은 옷을 입지 않는다"(정승희, 2006)가 아마존의 '어제'라면, '오늘'의 아마존은 어떠한 모습의 '옷'을 입으며, 아마존 원주민들은 어떠한 현재를 살아가고 있는가? 라는 좀 더 사회변화 현상에 기반한 물음을 던져보기 위한 것이다. 특히, 어제에서 오늘로 '변화'된 동인, 즉 어떠한 일들로 인해 아마존 태고의 모습, 그리고 그 태초의 자연의 보고(寶庫)인, 아마존 지역에 거주하는 원주민들이 근대화(?)라는 옷을 입으며 어떻게 살아가고 있는지에 대해 통시적(通時的) 관점을 통해 알아보도록 한다.

다음의 노랫말은 아마존 지역과의 연속성 및 구분의 역할을 하는 안데스 산맥에서 펼쳐진 광부들의 애환을 담은 것이다.

광부들의 기도

불쌍한 광부들을 위해 주님께 기도합니다.
그들의 수고와 아픔을 불쌍히 여기시옵소서.
그들의 아이들과 일용할 양식을 위해 기도합니다.
그들의 열망과 정의, 그리고 평화를 위해 기도합니다.
신실하신 예수님, 제 기도를 들어 주옵소서.

당신의 빛으로 우리의 광산과 마을을 비추어 주옵소서.
우리 죽은 자들을 당신의 사랑과 동정으로 축복하여 주옵소서.
하나님 아버지의 자비를 구하옵니다.
광부들을 위해 기도합니다.
주여 자비를 베푸소서,
자비를 베푸소서.

'광부들의 기도'가 전달하고자 하는 바는 아마존 원주민과는 사뭇 다르지 않나, 라는 질문을 던질 수 있다. 하지만 안데스 산맥의 광부들의 애환은 아마존 원주민들의 '그것'과 다를 것이 없다. 왜냐하면 억압과 수탈이 그 기저에 깔려 있기 때문이다. 그리고 그 중심에는 자연의 산물인 지하자원이 중남미, 특히, 안데스와 아마존 지역에 풍부하기 때문이다. 이 글에서 이러한 중요 부분(즉, 지하자원)을 다 담을 수는 없지만 아마존의 '어제'에서 '오늘'로 전이된 그 시간적 이동을 설명해주는 데는 지하자원이 결정적 단초의 역할을 한다. 이러한 관점에서 이 글은 다음과 같은 부분으로 나누어 전개하고자 한다. 첫째, 아마존의 어제의 모습은 어떠했는지와 어제에서 오늘로 이동하게끔 한 세 가지 동인에 대해 짚어보며, 아마존 그리고 아마존 원주민들에 대해 알아본다. 둘째로, 아마존의 현재, 즉 오늘의 모습은 어떠한지에 대해 논의를 전개하도록 한다. 그리고 마지막으로, 글을 정리하며, 아마존 그리고 아마존 원주민들의 내일의 모습을 그려 보고자 한다.

아마존의 어제: '타자' 등장 이전의 아마존

아마존은 우리에게 어떠한 의미로 다가올까? 요즘은 대중매체 등을 통해 쉽게 타 지역과 타 국가를 방문할 수 있다. 즉, 간접경험을 쉽게 할 수 있는 것이다. 아마존 지역 원주민들의 삶 또한 여러 매체를 통해 우리에게 소개된 바 있어 〈그림 1〉이나 〈그림 2〉에 보이는 원주민들의 벌거벗은 모습이 낯설게 느껴지지 않는다. 수렵활동 하는 모습이 자연스럽게 보이는 것이다. 〈그림 2〉에서 보는 것처럼 뽀뚜루*라는 도구가 아마존 여성의 턱에 관통된 모습은 아마존 부족 가운데 하나인 조에족의 상징이다.

이렇듯 자연스럽고 또 평안한 아마존 지역, 그리고 원주민들에게 '타자'가 등장한다. '타자'의 등장이라는 역사적 '그날'을 짚어보기 전에, 서두에서 밝힌 대로, 아마존이라는 지역은 어디에 있고 또 어느 정도의 면적이며, 현재를 살아가는 우리에게 아마존은 어떠한 의미인지 그 특징을 간략히 살펴보도록 하겠다.

---

* 뽀뚜루는 나무토막을 깎아 만드는데, 20cm의 정도의 길이로, 원뿔대 형태이다. 조에족 사람이면 남녀노소 불문하고 이것을 장착하며, 약 10세 전후 영구치가 날 무렵 턱과 아랫입술을 뚫어 착용하며, 탈부착도 가능하다. 일종의 피어싱과 비슷한데, 이것을 처음 장착할 때는 원숭이 뼈로 턱과 아랫입술을 뚫은 후 그 자리에 뽀뚜루를 장착한다.

〈그림 1〉 수렵활동을 하는 조에족의 모습

〈그림 2〉 뽀뚜루를 착용한 조에족의 한 여성

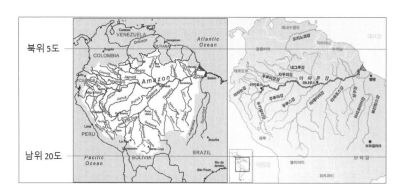

<그림 3> 남미 아마존 지역 지도

〈그림 3〉에서 확인할 수 있듯이, 아마존 지역은 북위 5도에서 남위 20도 범위 내의 남미 지역을 일컫는다. 아마존 밀림의 넓이는 대략 700만km²로, 남미 전체 영토의 40% 정도를 차지한다. 이 면적은 러시아를 제외한 전체 유럽의 크기보다 크다. 또한, 지구 삼림의 30%이며, 지구 산소의 10%를 담당한다. 더욱이 〈그림 3〉에서 보는 것처럼 아마존 지역은 아마존 강을 중심으로, 100여 개의 지류로 되어 있다. 아마존 강의 길이는 6868km로 담수인 미시시피 강, 나일 강, 그리고 양츠 강을 모두 합한 것보다 많은 유량이다.

또한 〈그림 4〉에서도 확인할 수 있듯이, 아마존은 실질적으로 브라질, 볼리비아, 페루, 에콰도르, 콜롬비아, 베네수엘라, 가이아나, 수리남 그리고 프랑스령 기아나 등 9개 국가가 접하고 있는 지역이다.

아마존 지역에는 4만 종의 식물이 있으며, 이 중 2천여 종은 식용 및 의약품 성분으로 사용된다. 또한 2천여 종의 조류 및 2천여 종의 어류 등이 서식하는 자연의 보고이다. 아마존 강의 유역은 대부분 '셀바스'라고 하는 빽빽하고 울창한 밀림으로 덮혀 있다. 이런 대자연의 아마존 지역에 420여 부족(tribes)이 있으며, 80여 개의 언어와

〈그림 4〉 아마존 밀림, 나라별 분포

650개의 방언(사투리)을 사용하고 있는 100만 명의 원주민이 거주하는 것으로 알려져 있다. 하지만 역사적인 '그날' 즉 스페인과 포르투칼 탐험대들이 남미 지역의 아마존으로 '입성'하기 이전인 1500년대 초에는 브라질 영토의 아마존 지역에 400~500만의 원주민들이 거주하였다고 전해진다. 그 당시 프랑스는 800만, 영국은 600만, 그리고 포르투갈은 150만 정도의 인구였는데 말이다. 상대적으로 다른 국가의 인구 수는 증가한 반면, 아마존 인구는 급격히 줄어든 것이다. 무슨 일이 일어난 걸까? 아마존의 과거가 현재로 이행된 동인인, '첫 번째' 역사적인 '그날'을 찾아가 보도록 하자.

역사적 '그날' (1): 아마존 여전사와의 만남

아마존 지역의 발견은 스페인의 중남미 탐험과 맥을 같이한다. 1519년 에르난 코르테스가 멕시코 고원에 위치한 아스텍 제국을 멸망시킬 때 조력자로 등장한 프란시스코 피사로는 신대륙의 엘도라도를 찾아 남하하게 된다. 그리고 1531년 잉카제국의 심장인 쿠스코에서 아따우알파라는 황제를 사형시킴으로써 잉카제국이 스페인의 한 장군인 코르테스의 손에 넘어가게 된다. 그리고 안데스 산맥 너머 아마존 지역에 대한 원주민들의 황금도시(〈그림 5〉)가 있다는 소문과 그 당시 유럽에서 인기가 많았던 계피(〈그림 6〉)가 즐비하다는 정보를 가지고, 스페인 군대는 탐험을 시작한다. 그 원정대는 프란시스코 피사로의 동생 곤잘로 피사로(〈그림 7〉)가 이끈다. 그리고 조력자로, 곤살로 피사로의 사촌 동생인 프란시스코 델라 오레야나(〈그림 8〉)가 함께 출정한다.

시차를 두고 피사로 군대와 오레냐 원정군은 녹색지옥이라는 별명이 붙은 아마존을 향해 1541년 발을 내딛는다. 행렬의 선두에는 스페인의 하급귀족 무사인 350명의 이달고(Hidalgo)가, 그리고 그 뒤론 훈련받은 사냥개 2천 마리가 따랐다. 그다음으론, 4천 명의 원주민 짐꾼이 무기와 식량 장비, 그리고 짐을 잔뜩 짊어진 2천 마리의 야마(낙타과의 포유류)와 2천 마리의 돼지를 이끌고 뒤를 따랐다고 한다. 최초 원정대가 에콰도르 지역에서 출발한 만큼 안데스 산맥을 넘

〈그림 5〉 엘도라도

〈그림 6〉 계피

〈그림 7〉 곤살로 피사로

〈그림 8〉 프란시스코 데 오레냐

는 가운데 수백 명의 인원들이 목숨을 잃었으며, 아마존 지역에 들어
서면서는 숨 막히는 무더위와 폭우 등으로 인해 괴질 등의 병에 걸린
환자들이 속출하게 된다. 황금과 계피를 찾아 원정대는 강행군을 계
속했지만, 점점 지쳐만 갔다. 특히 식량이 고갈되어가는 상황에서 식
량 확보를 위해 오레냐가 1541년 12월 26일 범선과 카누에 60여 명
의 병사를 이끌고 나선다. 그리고 오레냐가 지휘하게 된 이 분견대는

아마존 원주민들의 도움을 받아 아마존 강으로 이동한다. 탐험대의 일지를 담당한 카르바할 수도사는 분견대의 역사적 행보에 대해 아래와 같이 서술했다.

"우리가 살아남은 것을 보면 주님께서도
우리가 그 미지의 땅으로
대담히 들어가는 것에
기뻐하시는 것 같다.
그렇지 않고서야
앞으로 몇 세기가 흘러도
이루어지지 못할
그러한 위대한 발견이
가능하겠는가?"

오레냐 탐험대는 현지 원주민들이 도움을 받아 범선으로 아마존 강을 건너는 동안 여러 인디언 부족들과 조우하며 격전을 벌이기도 했지만, 철포와 갑옷으로 무장한 스페인 군사들의 철기문명은 현지 원주민을 상대로 승리를 하며 탐험을 진행한다.

그리고 그리스 신화에 나오는 여전사, '아마존'이 오레냐 탐험대 앞에 등장하게 된다. 소아시아 지방에 살았다고 전해지는 활을 잘 쏘는 여전사들이 밀림 한가운데 나타난 것이다. 아마존의 어원은 '아(없다)'와 '마존(가슴)'의 합성어로, '가슴이 없는 여성'을 일컫는다. 활을 잘 쏘기 위해 여전사들이 자신의 한쪽 가슴을 베어냈다는 데서 유래한 그리스 신화 '아마존!' 이 아마존이 열대우림 한복판에서 오레냐 원정대와 만나게 된 것이다. 격렬한 전투로 피해를 입게 된 오레냐 원정대는 구사일생으로 그 지역을 탈출하는데, 남미 대륙 서쪽에 위치한 에콰도르에서 시작된 탐험은 밀림을 지나 동쪽으로 연결된 대서양과 조우한다. 그리고 추후 오레냐 원정대는 스페인으로 항해하며, 스페인 국왕 카를로스 5세에게 이 지역에 대해 보고한다. 이는 그 후 이 지역이 유럽인들에게 아마존이라고 회자되는 계기가 된다. 그리고 수많은 유럽인들이 아마존 지역의 남미를 향하며 자신들의 새로운 삶을 위해 아마존 원주민들의 터전을 '침입'하게 된다. 이 사건으로 인해 당시 아마존 원주민들의 '현재' 모습은 '과거'화되어 버린다. 즉, 옷을 입지 않은 자연의 상태에서, 여러 단계(의료, 성, 가정 등)의 교육이라는 미명하에, 유럽인은 원주민에게 '비야만적(?)'인 '옷'을 입히며, 아마존 원주민의 어제와 오늘을 분리하는 단초를 제공한다.

아마존 그리고 아마존 원주민이 어제에서 오늘로 이행하는 또 다른 역사적 분기점이 있다. 우리 일상생활 가운데 쉽게 접하는 고무, 이 고무가 어느 지역에서 처음 발견되었는지 아는가? 바로 아마존 지역이다. 근대 산업기술 발전을 이끈 최대 성과물 중 하나로 꼽히는 고무와 관련된 일련의 산업이, 아마존의 '자연적' '어제'에서 '탈자연적' '오늘'로 이행하는 계기가 된다. 아마존과 아마존 원주민들에겐 '비극'의 역사가 시작된 것이라고도 할 수 있다.

역사적 '그날' (2): '고무'공의 비극

아마존과 아마존 인디언들의 '비극'의 서막이 올랐다. 고무와 얽힌 이야기의 실타래를 풀며 아마존 지역의 성장의 부침(boom and bust), 이 성장의 사이클 가운데서 아마존 지역의 피폐와 인디언들이 급속히 '오늘화'되는 모습을 담아보도록 하자. 아래 〈그림 9〉에서 보듯이, 원주민들은 고무의 탄력성을 이용해 공놀이를 하였고, 북채로 이용하였으며, 젖은 나무에 불을 붙일 때는 고무액(라텍스)을 사용하였다고 한다. 또한 카누의 갈라진 틈을 메우거나 집을 지을 때 지붕의 빙수 코팅에 사용될 정도로 고무는 아마존 원주민들의 일상생활과 밀접한 관련이 있었다.

〈그림 9〉 고무공으로 공놀이하는 모습

이렇게 사용되던 고무가 스페인계 탐험가를 통해 유럽으로 전달되었고, 이내 다양한 방면으로 그 쓰임새를 인정받게 된다. 1823년

스코틀랜드 발명가 찰스 매킨토시는 고무로 직물을 만들어 명성을 얻기도 하였다. 또한 수년 후 토마스 핸콕은 생고무를 부드럽게 만드는 방법을 완성하였다. 그리고 1839년 우리가 잘 아는 타이어 브랜드, '굿이어(Goodyear)'의 실질 인물인 찰스 굿이어가 가열된 고무에 우연찮게 황을 가하여(가황, vulcanization) 공기 타이어가 생산될 수 있는 길이 마련되었다. 그리하여 자동차의 대중화에 큰 영향을 끼치게 되었다.

먼저 고무와 관련하여 아마존의 어제가 오늘로 어떻게 이전되었는지 알아보도록 하자. 특히, 아마존 원주민들의 삶이 어떤 식으로 치부되었는지 고무산업과 연관해 확인해보자.

〈그림 10〉 고무나무 씨앗

〈그림 11〉 고무액을 채취하기 위해 고무나무에 금을 그어놓은 모습

아마존은 열대우림(熱帶雨林) 지역이다. 즉, 더운(熱), 적도 근처(帶)의 비(雨)가 많이 내리는 숲(林)이다. 고무나무가 자라기 위해 가장 적합한 환경이 아마존 환경이었다. 즉, 비가 올 때 장맛비처럼 많

은 비가 순식간에 내리며, 또 더울 땐 아주 무더운 날씨가 반복되는 그런 환경이 고무나무가 자랄 수 있는 환경이라는 것이다. 실질적으로 아마존 지역엔 고무나무가 빼곡하였다. 앞에서 잠시 언급한 바대로, 고무액의 실효성은 유럽인들에게 전파되었으며, 이로 인해 아마존 지역은 변화를 겪게 된다. 특히, 이 지역 원주민들의 일상이 바뀐다. 〈그림 11〉에서는 쉐링게로(Sheringero)라는 고무액 채취자(rubber tapper)가 고무액인 라텍스(latex)를 채취하기 위해 나무에 금을 그어 놓은 모습을 확인할 수 있다.

〈그림 12〉 고무 채취자, 쉐링게로들의 고무채취 활동 및 중개인 역할 도식화 © 이태혁

〈그림 12〉의 오른편에서 확인할 수 있듯이, 쉐링게로들은 아마존 밀림 내에서 생활하면서 주변의 고무나무로부터 수액을 채취하였다. 중개인인 러버 바론(rubber baron)은 강가 근처에 머물며 쉐링게로들이 채취해 온 고무액을 수거하였다. 그리고 그 값을 금전이 아닌 생활용품 등으로 치렀다. 즉, 물물교환(barter system)의 형태였는데 이는

지배자(patron)와 피지배자(slavery)의 종속적인 모습을 극명히 보여주는 것이다.

　이렇듯 아마존 밀림에서는 아마존 원주민들이 고무액 채취 등을 하는 피지배자 계층으로 내몰리게 되었다. 아마존 고무산업의 활성화로 가장 특혜를 받은 지역은 아마조나스(Amazonas) 주의 주도인 마나우스(Manaus)다. 아래 〈그림 13〉에서도 확인할 수 있듯이 웅장한 오페라 하우스의 건물은 그 당시 고무산업 붐이 상당했음을 단적으로 보여준다.

〈그림 13〉 아마조나 주 마나우스의 오페라 하우스

　마나우스의 귀족들은 세탁물을 유럽에 맡긴다는 일화도 있고, 말들이 샴페인을 마신다는 우스꽝스런 이야기도 전해지는데, 이처럼 이 지역의 귀족들은 마음껏 물질적 풍요를 누렸다. 하지만 아마존 밀림 그리고 그 밀림 내에서 고무나무를 통해 생계를 이어가고 있던 원주민들은 물질적 풍요와는 정반대의 고달픈 삶을 영위하였다.

　앞서 잠시 언급했듯이, 고무산업의 활기는 자동차 붐과 연동된다. 즉 자동차의 대중화는 타이어의 보급으로 가능하게 된 것이다.

〈그림 14〉 포드 자동차 대량 생산화

　그래서 고무액의 수요는 기하급수적으로 증가하게 되며, 이로 인해 아마존 지역은 이분화되어가는 양상을 보여준다. 즉, 마나우스의 부유한 지역과 그 지역 변두리에 거주하며 고무나무 수액 채취에 종속적인 생활을 하는 원주민들의 모습이다.

　그런데 이 부유한(?) 아마존에 지각변동이 일어난다. 아마존에만 있던 고무나무, 그리고 그 씨앗이 영국 상인을 통해 해외로 반출되었고, 특히 그 당시 영국의 식민지였던 말레이시아로 옮겨가게 된 것이다. 고무나무가 잘 자라는 환경에 대해서는 앞에서도 언급을 했는데, 그런 열대우림과 환경적으로 유사한 곳이 동남아, 말레이시아였다. 그곳에 고무나무 씨앗을 심었는데 잘 자랐을 뿐만 아니라, 그 지역은 플랜테이션 형태인지라 고무나무 수액 채취가 상당히 용이했다. 그에 반해 아마존의 고무나무는 자연 상태라서 수액 채취자 입장에서 보면 시간 대비 채취량이 상대적으로 적었다. 또한, 아마존 고무나무에서 수십 년 동안 고무나무 수액을 채취한 만큼 나무들도 노화된 상태여서 말레이시아산 고무나무 수액과는 양과 품질 면에서 밀리는 형국을 맞게 되었다. 종국엔 아마존 지역의 비대칭적인 풍요로움이 저물어가게 된다.

하지만 2차 세계대전 발발과 함께 말레이시아 지역 등이 일본군의 수중으로 넘어감에 따라 연합군에게 고무의 안정적인 공급 루트가 차단된다. 이때 아시아 지역 고무 생산량의 97%가 일본의 손에 넘어간 형국이었다. 이에 전쟁을 치르고 있던 미국은 탱크 등 각종 무기류와 관련된 군수품에도 고무가 필요한 만큼 브라질에 거액을 투자하며 안정적인 고무 공급을 요구하기에 이른다. 즉, 아마존의 2차 고무 붐이 1942년에 일어나게 되는 것이다. 다음 〈그림 15〉에서 확인할 수 있듯이, 2차 세계대전의 승리를 위해선 더 많은 고무액을 채취해야 한다(mais borracha para a victoria)는 구호 아래, 아마존 지역 내의 원주민들이 동원되었을 뿐만 아니라, 브라질의 히오 데 자네이루 등 남부와 쎄아라 등 동부 지역에서도 사람들이 '황금액'인 고무액을 채취하고자 아마존 지역으로 옮겨온다.

아마존의 2차 고무 붐(1942~1945) 시기 동안 아마존은 더욱 피폐해가고 아마존의 원주민들은 더욱 사회에서 배제되어가는 양상이 만연되었다. 브라질 정부는 고무액을 미국 등 연합군에게 안정적으로 공급하는 대가로 얻은 기간산업 및 사회간접자본을 브라질 남부 지역 등으로 지출하였으며, 아마존 지역은 브라질 타 지역에 비해 불평등의 양상이 짙어만 갔다.

〈그림 15〉 "승리를 위해 더 많은 고무액"이라는 선전문구 및 포스터

1945년 2차 세계대전 종식과 함께 일본군이 점령하고 있던 말레이시아가 독립을 하며 일본군이 독점하고 있던 아시아산 고무가 세계시장에 재등장하였다. 이에 아마존산 고무는 다시금 시장성이 떨어진다. 자연스럽게 아마존 지역에 경제적, 사회적 어두움이 다시 드리워진다. 그리고 아마존과 아마존 원주민들은 그냥 방치된다.

아마존의 어제에서 오늘로 전이된 두 번째 사건인 고무와 관련된 이야기를 하였다. 즉, 아마존 지역의 자연식물인 고무나무, 그 고무나무 액인 라텍스가 유럽인들에게 전해지며, 이는 아마존의 역사가 바뀌는 계기가 되었다. 이로 인해 아마존의 원주민들은 쉐링게로 등 고무나무 수액 채취꾼으로 전락하기도 하며, 신분적인 비대칭 관계로 노예와 같은 생활을 하게 된다. 이러한 아마존과 아마존 원주민

136

들의 삶을 또 한 번 바꾸는 역사적 '그날'이 있었는데 바로 '소'이다. 소의 '왕림'이라는 부제로 쓴 다음의 역사적 세 번째 '그날'을 함께 돌아보도록 하자.

역사적 '그날' (3): 소의 '왕림'

1964년 브라질에 군 정부가 들어서면서 아마존에 대한 대대적인 개발 계획이 수립된다. 아마존 지역의 나무를 베어내고 그 자리에다가 가축을 방목하는 것이었다. 즉, 아마존에다가 소를 키우자는 것이다. 이에 아마존에 대대적인 화염이 일어난다. 아래 〈그림 16〉과 〈그림 17〉에서도 확인할 수 있듯이, 방목 지역을 확보하기 위해 나무를 태워버리며 아마존의 삼림은 유실되기 시작했다.

〈그림 16〉 아마존 지역의 화염

아마존 지역에 소 떼들이 주인으로 들어서면서 태고 때부터 있었던 자연은 훼손되어갔다. 〈그림 18〉에서 잘 보여주듯이, 쉐링게로의 삶을 살던 아마존 일부 원주민들은 자신의 집을 소에게 내주는 형국을 맞이하게 된다.

〈그림 17〉 아마존 지역에서 화염 후 목초지를 확보하고 소를 방목하고 있다.

〈그림 18〉 쉐링게로 집의 새 안주인으로 안착하는 소의 모습을 담은 삽화 ⓒ 이태혁

그리고 밖으로 내몰린 아마존의 '원' 주인인 원주민들은 아마존 지역의 타다 남은 나무 잿더미 위에서 먹을거리를 찾아 헤멘다. 특히 브라질 정부는 쇠고기 수출을 위해 소를 방목하는데, 이 지역의 '원' 주인인 아마존 원주민들은 쇠고기라는 양질의 음식은커녕, 삶의 터전마저 소에게 내주며 인근 도시로 내몰릴 수밖에 없는 형국으로 이어진다.

〈그림 19〉 타다 남은 잿더미 위에 음식물을 찾고 있는 아이들

아마존의 '어제'에서 '오늘'로 전이된 역사적 사건은 세 가지 분기점으로 이루어져 있다. 프란시스코 데 오레냐가 아마존 원주민, 특히 아마존 여전사와 조우하면서 겪었던 지역은 아마존이라는 명칭을 얻게 되며, 급속히 유럽의 이해관계하에 내몰리게 되었다. 두 번째는 아마존의 기후 조건에서 쉽게 접할 수 있었던 고무나무에 라텍스라는 액이 스페인계 정복자들을 통해 확인되고, 이 고무 또한 유럽으로 건너가면서 자연 그대로의 아마존 모습과 원주민들의 삶이 유럽의 이권하에 놓이게 되었다. 그리고 세 번째, 고무산업의 피폐에 따른 브라질 군 정권의 아마존 개발이 아마존 지역을 다시 한번 파괴하면서 이 아마존 삼림 속에서 생활하던 원주민들은 소에게

그 주인 자리를 내주고 또 다른 삶의 터전을 찾아 나선다. 이와 같은 세 번의 역사적 사건이 아마존을 '어제'에서 '오늘'로 옮기는 동인 역할을 한 것이다.

그렇다면 아마존과 아마존 원주민들의 '오늘'의 모습은 어떨까?

아마존 원주민들의 '오늘': 수탈의 지속와 배제의 만연

중남미 전 지역, 특히 아마존 지역은, 앞서 아마존이 '어제'에서 '오늘'로 옮겨진 세 가지 동인을 살펴보며 확인하였듯이, 사회 시스템이 구조화된 모습이다. 그리고 구조화된 사회 모습이 고착화되었다. 현재를 살아가고 있는 아마존 원주민은 '근대화'된 문명과의 조화(harmonization)와 일치(alignment) 그리고 공존(co-existence)이라는 기치 아래 몸살을 겪고 있다.

〈그림 20〉에서 확인할 수 있듯이, 브라질을 제외한 페루, 에콰도르 등 아마손 지역을 공유하고 있는 다른 국가에서 아마존 지역 파괴는 심각한 상태로 진행되고 있다.

〈그림 21〉은 아마존 지역의 현재, 즉 오늘의 모습을 보여주는 사진이다. 석유 등 광물자원 채굴활동으로 인해 아마존 지역이 파괴되고 오염되어가고 있는 실상을 보여준다.

이는 외국계 자본이 아마존 개발이라는 미명하에 무분별적이면서 반환경적인 개발의 작태를 벌이고 있기 때문이다. 특히, 중국 등 원자재 확보가 국가 주도형으로 이뤄지는 국가들이 아마존 지역에 깊숙이 침투해 있는 모습이다. 〈그림 22〉에서 보듯이, 중국계 합작 석유공사가 에콰도르 아마존 밀림 지역으로 진출하고 있는 실정이다.

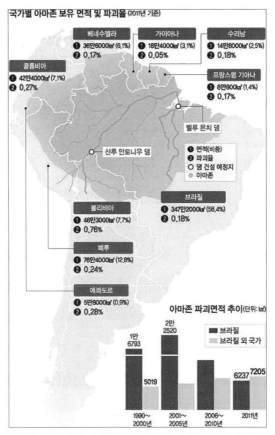

<그림 20> 국가별 아마존 보유 면적 및 파괴율(2011년 기준)

<그림 21> 광물 채굴활동 중인 아마존의 모습

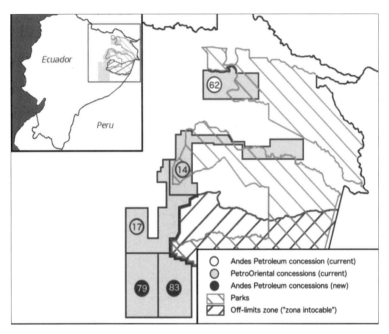

〈그림 22〉 에콰도르 아마존, 중국계 석유합작공사 채굴지역 분포

이에, 현지 원주민들과 아마존 와치(Amazon Watch) 등 국제환경 보호 단체들이 협력해 중국 등 외국계 자본의 반 환경적 아마존 개발에 대한 공동대응을 현재 펼치고 있다.

이는 에콰도르 아마존 지역에만 국한된 것이 아니다. 다음 〈그림 24〉에서 확인할 수 있듯이, 브라질의 아마존 지역 원주민들은 정부를 상대로 시위를 한다. 특히, 원주민들은 인권 및 정부 정책에 원주민의 삶을 염두에 두지 않은 일방적인 아마존 개발에 반대하며 시위를 벌인다.

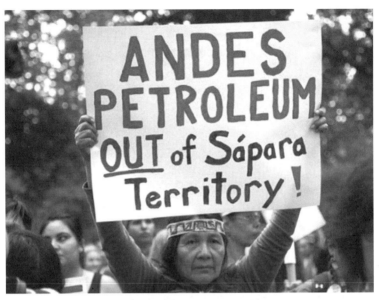

〈그림 23〉 에콰도르 아마존 지역 중국계 석유기업의 무분별한
채굴활동에 반대하는 시민사회 움직임

〈그림 24〉 브라질 아마존 지역 개발에 반대하는 원주민들의 시위

이렇듯 아마존 그리고 이 지역 태초의 주인인 원주민들이 외부 세력의 무분별한 개발에 대해 반응하는 오늘날의 모습을 확인하게 된다.

하지만 근대라는 '옷'을 입고, 현재에 순응하며 살아가고 있는 아마존의 원주민 또한 쉽게 확인된다.

〈그림 25〉 아마존 밀림에서 근대화의 옷을 입고 살아가는 원주민 가족 ⓒ 이태혁

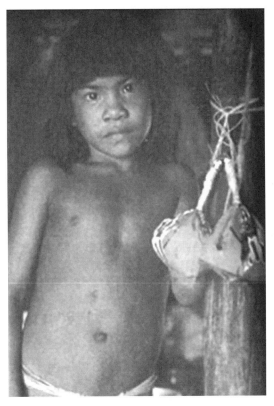

〈그림 26〉 아마존 인디언 어린아이와 라면봉지

　〈그림 26〉과 같이, 여전히 벌거벗었지만 문명(?)이 남겨두고 간, 라면봉지에 '라면'이 아닌 자신들의 아마존 '음식물'을 담아두고 세상 변화의 흐름에도 자신들의 것을 지키며 적응하는 아마존 '전사'들이 아마도 오늘날 아마존의 모습일 것이다.

나가며

아마존 싱구 지역을 인류 최후의 에덴동산이라고 부른다. 가장 큰 이유는 싱구 지역에 사는 모든 부족이 태초의 아담과 하와처럼 옷을 입지 않기 때문이다. 이런 벌거벗음이 자연스러운 아마존의 그때, 그 현재가 과거화되어버렸다. 안데스 산맥에서 뿜어내는 물줄기가 흐르고 흘러 마라뇽 강, 우카얄리 강, 나포 강을 만들고, 이 강들이 합쳐져 강의 상류가 되며, 7000여km를 흘러 대서양으로 이어지는 아마존 강! 이 거대한 자연과 더불어 원주민 부족들은 그네들만의 풍습 등을 통해 무리 지어 살아가고 있었다. 페루 아마존 지역 마치갱가 부족의 성인식에서 여자아이를 움막에 가둬놓고 사흘 동안 굶기면서 목화로 일정량의 실을 짜야 하는 풍습, 그리고 브라질 아마존 지역 싱구의 성인식에서 팔뚝에 가로로 서너 줄 문신을 새기는 그들만의 독특한 문화가 과거화되어버렸다. 즉 '어제'가 되어버린 것이다. 옷을 입지 않음으로 인간이 보였던 자연의 상태, 권력보다 권위가 있었던 산업이 아닌 놀이가 있었던 아마존의 '어제'의 모습은 사라진 걸까? 왜? 무슨 일로 인해 이러한 일들이 일어난 걸까?

우리는 앞에서 아마존의 '어제'가 '오늘'로 전이된 역사적 분기점들을 살펴보았다. 엘도라도라는 황금과 계피를 찾아 떠난 스페인의 정복자들에 의해 아마존의 '여전사들'이 발견되면서 아마존이라는 이름으로 불린 아마존이 서구 문명사회에 소개되며 아마존의 오늘은 급속히 어제화되어버렸다. 두 번째로, 고무나무 액인 라텍스를 활용하는 모습이 스페인 정복자들에게 확인되며 고무 '공'의 비극이 시작되었다. 즉, 고무산업으로 인해 아마존 일대 고무나무에 얽힌 불편한 역사가 시작되었고, 이는 아마존 지역 원주민들의 계층적 구조가 고착화되는 데 영향을 주었다고 볼 수 있다. 세 번째로, 아마존의 고무나무가 베어져 나가고 불에 태워진 그 자리에 소 떼를 방목하며 아마존 지역의 삼림 파괴와 원주민들의 삶이 또 한 번 배제되는 시간을 겪게 되었다.

그리고 아마존 밀림의 삶의 터전에서 밀려나버린 원주민들은 도시의 빈민지역으로 몰리는 형국이 자행되기도 한다. 이것이 아마존, 그리고 아마존 원주민들의 오늘의 모습이다. 지속된 수탈과 배제의 역사가 진행되는 가운데 INGO(국제비정부기구) 등은 현지 원주민들과 함께 아마존 지역의 반환경적이고 비인권적인 부분에 대해 아마존 지역 내 국가와 국제사회에 목소리를 내고 있다. 이 또한 오늘의 아마존 모습이다. 즉, 아마존 원주민들에게 문명의 껍데기를 입히며 '어제'의 것을 버리고 '오늘'의 것을 취하라는 서구의 접근이 지속되고 있다. 이런 현재라는 시대적 운명 속에서, 타자(他者)들은 아마존 그리고 이 지역의 '원' 주인, 즉 원주민들에게 내재화된 억압과 수탈이라는 권위적인 접근보다는 아마존 그 자연 자체와 어울리고 공존하는 접근 방법을 취해야 한다.

안데스의 원주민과
'좋은 삶(Buen Vivir)' 철학
: 에콰도르, 페루, 볼리비아를 중심으로

들어가는 말

1532년 스페인의 피사로 부대가 현재 페루의 해안에 다다르기 전에 이미 안데스 지역은 잉카에 의해 강력한 제국으로 통합되어 있었다. 안데스 산맥은 세계에서 가장 긴 산맥이다. 우리나라의 백두대간처럼 남미의 남북을 잇는 등뼈 구실을 한다. 콜롬비아에서 에콰도르, 페루, 볼리비아를 거쳐 칠레에까지 이르기 때문이다. 이 안데스 산맥이 걸쳐 있는 곳에 스페인인들이 16세기 초에 오기 전까지 이루었던 문명이 잉카 문명이다. 잉카제국은 에콰도르, 페루, 볼리비아를 거쳐 북부 칠레에 이르렀다. 잉카제국은 고도로 중앙집권적인 권력구조를 가지고 있으면서도 지방의 자율성과 고유한 체제를 존중했기 때문에 그 넓은 영역을 통치할 수 있었다. 그런데 페루, 볼리비아 등에는 스페인 정복자들이 좋아하던 은 등의 광물이 많았고 이를 채굴, 개발하여 스페인으로 가져가기 위한 노동력이 필요하여 원주민으로 하여금 강제 노동시키게 된다. 과거 은 광산의 대표적인 도시가 볼리비아의 '포토시'이다. 안데스 지역의 원주민 언어는 알파벳이 없는 구어인데 케추아어와 아이마라어가 주요 언어이다. 안데스 문화권이 동질적인 것은 아니다. 왜냐하면 특히 초석 채굴의 이권을 두고 칠레와 페루, 볼리비아 연합군이 싸운 태평양전쟁(1879~1884)에서 칠레가 승리하여 이전에 태평양 바다를 가지고 있던 볼리비아가 바다를 잃고 내륙에 티티카카 호수만을 가지게 된 역사 때문이다. 따라서 안

데스 원주민 문화권은 에콰도르, 페루, 볼리비아를 주로 가리키게
된다.

안데스 원주민 문화의 핵심어로 토지의 공동소유, 공동생산 제도
인 '아이유(Ayllu)'에 근거한 '공동체주의' 또는 '코뮌주의'를 들 수 있
다. 그러나 안데스 코뮌주의는 마르크스가 이야기한 그리고 현재 많
은 유럽의 학자들이 얘기하는 코뮌주의와 그 맥락과 내용이 다르다.
그러므로 우리는 '공동체주의'로 이해하는 것이 좋을 것이다. 그런데
원주민의 '공동체주의'가 가지는 현재적 그리고 미래 비전으로서의
의미는 매우 중요하다. 왜냐하면 우리나라에서는 2000년대 이후 그
리고 미국에서는 2008년 금융위기 이후 그리고 라틴아메리카에서는
1990년대 이후 신자유주의 체제가 얼마나 사회적 양극화와 삶의 비
극을 가지고 왔는지 대부분의 사람들이 인식하게 되었기 때문이다.
더군다나 우리의 경우, 폭력적인 차별적 배제가 사회 경제적 위기만
이 아니라 '자살'로 상징되는 심각한 사회 해체의 상황에 처해 있다.
이런 상황에도 불구하고 라틴아메리카를 제외하고 사회를 급진적
으로 변혁시키기 위한 에너지는 쉽게 작동되지 못하고 있다. 왜냐하
면 신자유주의가 이전과는 다르게 '개인적 파편화'를 심화시켰기 때
문이다. 이에 반해, 라틴아메리카, 특히 에콰도르, 볼리비아의 원주민
운동과 원주민 문화는 엘리트 지식인의 추상적, 관념적 개념에서 '공
동체주의'를 주장하는 것이 아니라 구체적이고 현실적인 삶의 방식
으로 '공동체주의'를 가지고 있다. 그리고 정치적으로도 두 나라에서
좌파 정부가 현실정치에서 헤게모니를 가지고 '공동체주의'에 기초
한 사회, 경제 정책을 추진하고 있다. 여기서 한 가지 흥미로운 질문
을 할 수 있다. 1492년 콜럼버스의 발견(?) 이후 16세기 초부터 스페
인은 라틴아메리카 정복을 했는데 약 500년 뒤인 지금도 안데스 원

주민들이 자신들의 과거의 삶의 방식인 '공동체주의'를 어떻게 유지 보존해왔단 말인가? 우리 사회에서 극명하게 드러나듯이 과거의 전 근대적 삶의 방식을 버리고 서구식 개인주의에 입각한 경쟁과 근면 을 통해 개인과 국가의 발전을 추구하는 근대성의 삶의 방식을 따르 지 않았단 말인가?

라틴아메리카 원주민의 정복은 유럽, 미국 등의 세계체제의 중심 부 국가들에 의한 주변부에 대한 인종주의적 착취의 시작으로 표현 할 수 있다. 그런데 21세기 들어 처음으로 안데스 국가들 특히 에콰 도르(라파엘 꼬레아 정부, 2007~현재), 볼리비아(에보 모랄레스 정부, 2006 ~현재)에 의해 이런 불평등한 세계체제를 변혁시키려는 의지를 가진 새로운 좌파 정부들이 들어섰다. 두 정부 모두 원주민들에 의해 강력 한 지지를 얻고 있다. 이런 안데스 국가들은 베네수엘라와 연대하여 새로운 맥락의 라틴아메리카 지역통합 기구도 발족시켰다. 즉, 라틴 아메리카는 정치 담론과 외교에 있어서 과거의 라틴아메리카가 아니 다. 과거보다 훨씬 독립적인 목소리를 내고 있고 민주주의를 지키는 데 단합되어 있다.

오늘날 안데스 지역에는 원주민들이 도시와 농촌에 걸쳐 많이 산 다. 다시 말해, 우리가 쉽게 상상하듯이 원주민들이 현대 문명과 매 우 동떨어진 방식으로 오지에 격리되어 거의 벌거벗은 모습으로 살 고 있는 것이 아니다. 실제로 에콰도르, 페루, 볼리비아의 도시와 농 촌에서는 매우 흔하게 원주민을 만나게 된다. 예를 들어, 에콰도르 25%, 페루 45%, 볼리비아 55%의 인구가 원주민이다. 이들 국가들 중 에콰도르와 볼리비아가 중요하다. 페루는 '좋은 삶' 철학을 국가 개혁의 비전으로 제시하는 국가는 아니지만 원주민의 이익을 위한 집단적 사회운동이 활발한 국가이므로 안데스 원주민의 삶을 드러내는 의미에서 페루도 포함시켜야 할 것이다.

'좋은 삶' 철학은 새로운 국가 개혁 또는 국가 재구성의 비전이다. 핵심적 방향은 자본주의와 근대성의 비판이다. 자본주의와 근대성을 모두 거부하는 것은 아니지만 이들 두 이데올로기에 함축된 폭력성과 차별성 즉, 식민성을 해체하려는 것이다. 그리고 이런 국가개혁은 자본주의와 사회주의를 모두 비판하는 개혁이다. 핵심적 문제의식은 자본주의, 근대성이 모두 '개인'을 중요시하는 데서 출발하므로 이에 대한 새로운 대안으로 원주민의 일상적 생활양식과 철학에 들어 있는 '공동체'를 강조하는 것이다. 따라서 이를 '21세기 공동체주의'라고 부를 수 있다. 자본주의와 근대성의 철학과 병행하여 원주민의 공동체주의를 규범과 실제에서 병행하겠다는 것이다. 이는 국가 또는 공동체 발전에 개인을 귀속시키는 것이 아니라, 또한 국민 개개인의 삶이 경쟁과 환경파괴에 의해 불행해지는 것이 아니라 사회적 연대와 자연환경의 존중 등의 철학을 전체 사회가 소중히 함으로써 비록 국가발전이 더디더라도 개개인이 행복해지길 바라는 정치 철학이다. 그러므로 파시즘의 철학과는 정반대이다.

식민 시대부터 오랫동안 유지되어온 경제 구조 즉 수출 목적의 광물 채굴 경제 외에 새롭고도 동시에 오래된 형태의 농업(가족농) 진흥 및 내수 경제 활성화와 과학기술 발전이 이들 국가의 국가 발전 목표이다. 물론 쉽게 이루어지기 어려운 한계가 있다. 아무튼 자본주의의 높은 경제성장과 적극적인 재분배 정책을 통해 국민 개개인이 행복해지는 것이 북유럽식 사민주의 모델이라면 이와 또 다른 생태적, 공동체적 협동 중시의 경로를 제시하는 것이 안데스 지역 국가들의 비전인 것이다. 예를 들어, 에콰도르, 볼리비아, 페루 등에서는 대지를 '어머니 땅(Madre Tierra)'의 의미인 '파차마마'라고 부른다. 자연과 공존하는 생태적 혁명을 라틴아메리카만의 과제가 아니라 인류 전체의 생존의 문제로 인식하고 있다. 대지의 여신인 '파차마마'는 잉카의 신성이 아니라 그 하위 안데스 토착 원주민의 신성인데 잉카가 받아들인 것이다. 안데스 원주민들이 대지를 아이마라어로 여신 '파차마마'로 부르는 의미를 좀 더 살펴보자. 물론 대지의 여신 외에도 바다의 신, 옥수수의 신 등도 여신으로 간주되었다. 반면, 하늘과 관계되는 비, 천둥, 우박, 산사태 등은 남신으로 간주되었다. 그러나 잉카의 가장 중요한 신은 태양신인 '인티(Inti)'와 달의 신인 '키야(Quilla)'였다.

안데스 고원지대에서 성모 마리아는 '어머니'이다. 땅과 시간도 '어머니'이다. 아무리 하찮은 것이라도 함께 드시자고 권하지 않으면 파차마마(잉카 신화에서 파차마마는 생명의 여신이며 태양신 인티의 아내이기도 하다)는 화를 낸다. 몹시 목이 마를 때에는 그릇을 깨뜨려 마실 것을 쏟아버리게 하는 일도 있다. 태어난 아기의 건강을 위해서 태반을 꽃과 함께 땅에 묻어 파차마마에게 바친다. 사랑을 위해 연인들은 자신들의 머리칼을 잘라 한데 묶어서 땅에 묻는다. 파차마마는 지치고 망가진 인간을 가슴에 안는다. 당신 품에서 태어났으므로 여정을 마치고 돌아온 그들을 두 팔을 벌려 품어주는 것이다. 죽은 자들은 땅 밑에서 파차마마를 꽃으로 피워낸다.

이를 보면, 가톨릭의 성모 마리아 공경신앙과 잉카신화의 대지 숭배 사상이 서로 혼합되어 있는 것을 알 수 있다. 이는 16세기 이후 가톨릭이 안데스 원주민들에게 가톨릭의 가르침을 전교하면서 원주민의 토속신앙과 섞은 것으로 볼 수 있다. 이런 교회의 전략을 '토착화'라고 부른다.

그러나 가톨릭교회가 '토착화'라는 전교의 이유로 둘을 혼합하기

보다 자신들의 원래의 토속신앙을 유지하다가 교회가 이를 우상숭배로 금지하자 둘을 혼합하기 시작한 것으로 보는 것이 더 합리적이다. 아무튼 이를 종교적인 전문용어로 혼합주의라고 부른다. 이를 통해 우리는 프로테스탄트에 비해 가톨릭이 더 보편적, 개방적인 성향을 가짐을 알 수 있다. 이 같은 혼합주의는 라틴아메리카의 식민시기 건축된 대성당의 정문에 새겨진 화려하고 이국적인 '네오 바로크'의 조각 작품에서도 잘 드러난다.

또 다른 시각에서 문화적인 전문용어로 '혼종성'이라고 부른다. 이러한 혼합주의는 안데스 원주민들의 지역 축제에서 잘 나타나고 있다. 다양한 지역 축제의 의미는 곡물을 수확하기에 앞서 대지의 어머니에게 감사하기 위한 것이다. 그런데 이 감사를 성모 마리아와 파차마마에게 동시에 하는 것이다. 또한 안데스 원주민들이 농업을 단순히 경제 논리만이 아니라 농업 자체를 인간 삶에서 매우 소중히 함을 알 수 있다. 토착화와 혼합화는 스페인 정복이 시작되기 오래전부터 고유한 정치, 사회체제를 가지고 있던 원주민들을 효과적으로 스페인이 다룰 수 있는 전략이었다. 예를 들어, 과거 잉카제국 시대의 집단적 강제 노동의 부역제도인 '미타(mita)'를 포토시 은광의 노동력 확보를 위해 스페인은 식민 시기에도 활용했다. 여기서 중요한 것은 노동의 강제성 외에도 '집단적' 노동의 방식을 오랫동안 이용함으로써 원주민의 '공동체주의'가 오늘날까지 생명력을 가지게 되는 데 본의 아니게 기여했다는 점이다.

안데스 원주민의 삶의 방식과 문화: '혼종성'

1492년에 콜럼버스가 지금의 아이티와 도미니카가 있는 '라 에스 빠뇰라(La Espanola)' 섬에 도착했을 때 제일 먼저 금광을 발견했다. 그는 이곳에 금만 있는 것이 아니라 벌거벗은 원주민들이 너무나 순박하고 아름다워 마치 '천국'에 온 것같이 느꼈다. 그러나 곧 이들에 대학 가혹한 착취와 학살이 행해진다. 하지만 16세기 초부터 스페인 왕실은 원주민의 완전 멸종을 두려워하여 '노예제'를 '엔꼬미엔다(Encomienda)' 제도로 바꾸게 된다. 그 이유는 스페인 왕실이 유난히 인간적인 너그러움이 많아서라기보다 원주민이 조세납부와 부역 등의 강제 노동을 통해 광업과 농업 즉, 식민지의 경제정책의 운용에 절대적이었기 때문이다.

특히 원주민을 위한 진보적 주장을 한 성직자로 유명한 사람은 멕시코 치아파스 주의 주교로 일했던 바르톨로메 데 라스 까사스(Bartolome de las Casas) 신부였다. 그는 16세기 중반에 스페인 국왕 앞에서 벌어진 원주민의 영혼을 둘러싼 바야돌릿 신학논쟁(1551~1552년)에서 "원주민도 영혼이 있다"는 진보적 주장을 펼쳤다. 이 논쟁에서 보수적 주장을 한 신학자는 세뿔뻬데스라고 하는데 이 주장에 호응하는 사람들이 당시에 훨씬 많았다. 이들은 원주민을 "말할 줄 아는 짐승"으로 여겨 인간으로 인정하지 않았다. 이 주장이 자신들의 권력과 이익의 옹호에 부합했기 때문이다. 아니면 적어도 유럽인과는 본질적으로 비교 불가능한 열등한 인종으로 생각했다. 그러므로 열등한 원주민을 보호하고 강제로 가톨릭으로 개종하여 노동을 시키도록 하는 엔꼬미엔다 제도를 도입하게 된 것이다. 이것이 바로 인종주의의 시작이고 식민성의 시작이고 동시에 자본주의와 근대성이 생겨난 것이다. 식민성이란 지금까지도 유럽의 학문과 지식이 비유럽에 비해 우월하다는 인식이 보편적 '상식'으로 받아들여지게 된 것을 말한다. 전략적 사고가 뛰어났던 라스 까사스 신부는 직접 스페인 국왕을 설득하여 스페인 왕실이 법률적으로 노예제를 폐지하도록 만든 것이다. 물론 라틴아메리카 현지에서는 반발이 무척 심했지만.

엔꼬미엔다 제도는 로마 시대부터 중세까지 존속한 제도로 엔꼬멘데로 즉, 지주는 국가로부터 땅을 물려받아 원주민의 가톨릭교도로의 개종과 보호(?) 대신에 강제노동을 요구하는 것이다. 엔꼬미엔다는 신대륙 정복의 성과에 따라, 정복자, 스페인 왕실 공로자, 도시 창설자 등에게 양도된 권리로, 광대한 토지와 그 토지에 부여된 원주민을 부여받았다.

흥미롭게도 '엔꼬미엔다'는 노예제보다 원주민들이 자신들의 공동체적 삶의 방식을 유지할 수 있게 만들었다. 원주민들이 모여 함께 살도록 했기 때문이다. 그리고 원주민들은 강제노동 외에 세금을 내야 했는데 귀금속, 옥수수, 밀, 물고기, 닭 등을 원주민 공동체의 족장이 거두어서 지주에게 내게 하였다. 지주는 이를 스페인 왕실에 바쳐야 했다. 그리고 중요한 것은 지주가 엔꼬미엔다에 거주하는 것이 아니라 도시에 거주하였다는 점이다. 원주민들은 과거에 그렇게 살았듯이 공동으로 마을에서 노동하고 거주할 수 있었다. 다만 가끔 수도회의 선교사들로부터 가톨릭 교리 교육을 받은 것이다. 왜냐하면 스페인 왕실은 라틴아메리카의 금, 은 등의 채굴과 획득만이 아니라 원주민의 영혼을 가톨릭교도로 만드는 것이 중요한 목적의 하나였기 때문이다. 그러나 시간이 흐르면서 원주민들에 대한 영혼의 구원보다는 지주에 대한 강제노동으로 성격이 바뀌게 된다. 엔꼬미엔다 제도는 어떻게 보면 지주보다 스페인 왕실에 더 유리한 제도였다.

엔꼬미엔다와 노예제를 비교했을 때 엔꼬미엔다가 상대적으로 수익성이 떨어졌는데도 불구하고 이를 수행한 이유는 현지 지주들보다 스페인 왕실의 권력과 이익의 확보를 위해서였 다. 첫째, 엔꼬미엔다의 상속제한으로 인해 유산을 물려줄 동기가 부재했기 때문에 원주민 노동력의 빠른 마모를 유발시켰다. 이것은 높은 비율로 원주민을 감소시켰기 때문에 장기적으로 원주민의 노동성과가 축소되는 경향을 보였다. 이것은 착취 성과가 빠르게 스페인으로 이동하여 즉, 스페인 왕실에는 좋았지만 현지 지주들에게는 좋은 것이 아니었다. 둘째, 원주민 노동의 거래, 재배치 제한을 통해 제한된 지역에서만 원주민 노동력 사용을 강제하여, 멕시코의 은광 지역에서처럼 보다 높은 수익을 올릴 수 없었다. 셋째, 다른 스페인인과의 거래와 임대불능은 평균비용 상승으로 인해 규모의 경제를 유지할 수 없었다. 결국 지주들은 원주민 노동력 규모를 조정하여 이익의 최적화를 추구할 수 없었다. 하지만 엔꼬미엔다의 상속, 거래, 재배치 제한은 스페인 왕실의 위신을 높였고 가톨릭 전교에 집중하게 만들었으며 저비용으로 스페인 제국을 방어할 수 있었다.

1542년에 스페인 왕실은 '법적으로' 원주민들을 스페인의 보통의 '신민'으로 인정하게 된다. 그러나 현실적으로 제대로 시행되지는 못했다. 지주의 상속권 제한도 제대로 지켜지지 못했고 원주민에 대한 착취와 억압도 근절되지 못했다. 오히려 페루의 지주들은 16세기 중반 스페인 왕실에 반란을 일으키기도 했다. 17세기 말부터 엔꼬미엔다 제도는 쇠퇴하게 되고 18세기 말에는 폐지된다. 그 대신 아프리카에서 사냥해서 데리고 온 흑인노예가 많아지면서 공개적으로 노예노동이 행해지게 된다.

안데스 지역의 원주민들은 원래 '유토피아'를 강하게 가지고 있었다. 그러므로 식민지 수탈과 억압이 아무리 강했어도 여기에 대한 저항과 원주민 고유의 삶의 방식이나 문화에 대한 신뢰 또한 줄어들지 않았다. 다시 말해, 자신들의 전통적 세계관을 어떻게 해서든지 지키겠다는 의지가 강한 것이다. 또한 원주민들은 문자를 가지고 있지 않고 구어만 가지고 있어 오히려 구전을 통해 자기들의 유토피아의 비전을 아래 세대에 전할 수 있었다. 그들의 유토피아에 비교하여 스페인 정복자들이 강요한 세계관은 너무나 달라 원주민들은 식민 초기부터 강력한 자치권을 가지길 원했다. 비록 스페인 정복자들의 폭력에 굴복했지만 마음속으로부터 자신늘의 세계관을 결코 포기하지 않은 것이다. 늘 '대안적' 질서를 모색하였고, 이런 에너지가 1990년대 이후의 신자유주의 체제에 대해서도 '대안적' 사회운동을 만들어낸 것이다. 그런데 흥미롭게도, 안데스 원주민의 세계관과 가톨릭의 세계관은 다르면서도 비슷한 점이 많았다. 예를 들어, 안데스 신화는 잉카왕의 부활을 믿는데 이는 가톨릭의 예수의 부활과 상응하는 것이다. 이런 성격은 아스테카 문화에는 없었다. 즉, 아스테카 유토피아는 존재하지 않는다. 에콰도르, 볼리비아 등 안데스 원주민 운동이 근대성과 신자유주의에 대한 급진적 대안 운동의 성격을 쉽게 가지는 맥락을 이해할 수 있다.

안데스 원주민의 가치관 즉, 공동체적 삶의 방식이 분명하게 드러나는 것은 각 지역에서의 축제를 통해서다. 대표적인 축제가 '악마의 춤(Diablada)'이라고 불리는 페루의 '뿌노 축제(Puno)'와 볼리비아의 '오루로 축제(Oruro)'이다. 이 악마의 춤은 스페인에서 온 성찬 신비극(auto sacramental)이 아이마라 원주민 문화와 섞이면서 형성된 것이다. 그 근거는 기독교적 요소와 중세 신비극 요소가 결합된 엔뜨라다(entrada)라는 행렬에서 찾을 수 있다. 엔뜨라다(entrada)라는 행렬에서 춤은 여러 악마들이 선을 상징하는 성 미카엘 천사와 싸우는 것을 형상화한다. 악마는 인간을 상징하는 한 여자를 유혹하려 하지만, 성 미카엘이 개입하여 그들을 붙잡는다. 악의 우두머리는 루스펠이며, 악의 편에는 여러 부차적인 인물들이 나온다. 마지막에는 위엄과 힘을 갖춘 성 미카엘이 한 젊은 여자, 즉 성모로 바뀌고, 악이 패배한 다음 악마들과 그들의 부인들은 성모를 추앙하기 시작한다.

오늘날의 볼리비아에 해당하는 알또 페루(Alto Perú) 지역의 오루로 축제에서는 '악마의 춤(Diablada)'이 전해오고 뽀또시 광산에서는 지금도 띠오(Tío)라는 악마 형상의 신을 숭배하고 있다. 이때 '악마'의 단어는 실제로 악마를 숭배한다는 의미가 아니라 스페인이 라틴아메리카를 정복하면서 들여온 가톨릭 신앙이 들어오기 전 원주민들의 토속신앙, 민속체계를 기독교적 시각에서 바라보면서 '우상숭배'로 해석한 맥락이다. 즉 은유적 표현으로 볼 수 있다. '오루로' 축제는 성모 동정녀 '소까본'을 기리는 축제이다. 여기서 '소까본'은 광산의 갱도를 의미한다. 그 원류는 라틴아메리카 여러 지역에 퍼져 있는 동정녀 '깐델라리아' 신앙에서 온 것이다. 이 신앙은 페루, 볼리비아, 콜롬비아, 칠레, 베네수엘라, 우루과이 등 여러 곳에 퍼져 있다. 예를 들어, 콜롬비아의 수도인 보고타의 구시가지 이름도 깐델라리아이다. 오루로 축제의 수많은 춤 중에서도 디아블라다(La diablada)라고 부르는 악마의 춤이 백미로 꼽힌다. 오루로 축제는 선악의 대립적 구도를 근간으로 하고 있기 때문에 동정녀 소까본에 맞서는 악마들도 축제의 또 다른 주역으로 각광받는다. 스페인이 가톨릭 포교를 정복의 명분으로 삼았기 때문에 당연히 선과 악의 대립에서 선을 상징하는 동정녀가 승리하지만 원주민의 내면으로는 이 악마의 춤이 하나의 저항의 상징적 의미일 수도 있다.

이같이 라틴아메리카의 대중문화는 기계적이고 일면적이지 않으며 애매한 혼종성을 가진다. 왜냐하면 오늘날 열리는 라틴아메리카의 다양한 축제들이 식민시기에 스페인(유럽)의 영향을 받아 생겨난 것이기 때문이다. 악마의 춤은 18세기부터 존재해왔고 안데스 지역 축제 때 악마의 춤을 춘다. 악마의 상징이자 저항의 상징인 띠오(Tío) 상을 1년에 한 번 밖으로 모셔와 악마의 춤을 통해 그것을 만천하에 공개한다. 스페인은 가톨릭 포교를 정복의 명분으로 삼았고 원주민 개종을 책임지겠다는 구실로 대규모 노동력을 확보했기 때문에 미사에 원주민들을 참석시켜야 했을 것이다. 스페인인들이 광산 입구에 거대한 성당을 지어놓고 원주민의 영토마저 정복했노라고 만족해하고 있을 때 원주민들은 축제를 통해 그들만의 신을 창조하는 위대한 저항을 시작했다. 이런 문화적 에토스가 오늘날까지 이어지면서 기존의 권력체계가 만들어놓은 지배 이데올로기, 문화 안에 포섭되면서도 거기에 종속되지 않고 무언가 그 밖으로 나갈 수 있는 에너지를 이미 18세기부터 라틴아메리카의 가난한 원주민들은 내면적으로 품고 있었던 것이다.

그러므로 지하에서 일하는 광부들에게 '악마'는 경외의 대상이요 동반자가 될 수 있다. 실제로 띠오(tio)의 현신이기도 하다. 몇 년 전 EBS 방송에서 방영한 다큐멘터리 〈안데스 6부작〉에 보면 볼리비아의 원주민 출신 광부가 오늘날에도 어둡고 무서운 갱도 안에서 '악마'의 모습을 한 친근한 표정의 '아저씨(tio)'에게 자신의 안전을 기원하고 담뱃불도 붙여주는 모습을 볼 수 있다. 이같이 '악마성'이란 이미지는 실제로 원주민에게 위로와 친근함을 주는 이미지인 것이다. 어떻게 보면 동정녀 소까본과 악마들의 대립도 절대선과 절대악의 갈등이 아니라 일종의 유희일 수 있다. 어쨌든 디아블라다에 등장하는 탈은 다른 춤에 사용되는 탈보다 다채롭다. 동정녀 소까본 전설에 나오는 뱀, 개구리, 도마뱀, 개미 등을 악마로 형상화시키는 과정에서 무한한 상상력이 가미되고 있는 것이다.

페루에는 동정녀 깐델라리아(Virgen de la Candelraria)를 기리는 뿌노 대축제가 있다. 볼리비아의 '오루로'와 페루의 '뿌노' 축제가 다른 것은 그 이름뿐이다. '뿌노' 축제가 열리는 뿌노는 페루의 남부지방에 위치하고 있으며, 해발 약 4,000미터에 있는 고산도시이다. 특히, 세계에서 가장 높은 곳에 위치하고 있는 티티카카 호수가 있는 지역이며, 수도인 리마로부터 육로를 이용하면 약 22시간이 소요되는 거리에 위치하고 있다.

동정녀 깐델라리아가 나타나 원주민들을 개종시키자 그들의 옛 신들이 노하여 도마뱀, 전갈, 개미 등을 차례로 보내 그들을 괴롭혔으며, 이에 다시 동정녀가 나타나 치열한 전투 끝에 이들을 물리치고 가톨릭으로 개종한 원주민들을 지켜주었다는 것이다. 그러나 동정녀 깐델라리아 신앙은 스페인 침략군이 들어오기 전부터 이미 안데스의 토착 신앙으로 내려오고 있었다. 잉카 시대 이전에 안데스에서 널리 숭배되던 와리(Huari) 신이 어느 날 우루-우루족이 태양신을 섬기는 것을 보고 노하여 뱀과 거대한 개구리와 괴물 도마뱀을 차례로 보내 괴롭히지만, 어떤 공주가 출현하여 이를 진압하고 도마뱀 머리에 십자가를 꽂았다는 전설이 전해지고 있다. 결국 스페인 사람들이 들어오면서 토착 종교의 전설을 가톨릭에 접목시키기 위하여 가톨릭의 성모마리아와 비슷한 형태의 동정녀 깐델라리아를 끌어들인 것으로 볼 수 있다. 이것에 대한 이해는 스페인의 성모 신앙이 멕시코로 그대로 옮겨져 과달루뻬 성모 신앙으로 발현된 것에서도 찾아볼 수 있다. 식민 초기 중남미 사회를 구성하던 사회계급들이 저마다 자신들의 역사적 정체성을 찾기 위해 노력할 때, 과달루뻬 성모의 이야기와 이미지는 그들에게 정치적 통합이나 종교적 통합에 앞서 문화적 통합의 가능성을 열어준 것이다.

이들 축제를 통해 원주민들은 악마의 모습으로 분장과 복장을 하고 춤을 추면서 마음의 근심을 몰아내고 '해방'된 세계를 공동으로 느끼며 공감하게 된다. 축제의 형식은 스페인의 성찬 신비극의 형식을 가지고 있어 표면적으로는 성모 마리아에 의해 악마들이 패배하는 것으로 되어 있지만 내용적으로는 오래전부터 원주민들이 가지고 있던 토속신앙과 고유한 서사를 통해 원주민들 마음이 하나가 된다. 단지 카타르시스를 느끼는 것에 그치는 것이 아니다. 묘한 애매함을 가지고 있으면서도, 억압된 민중의 전복과 해방의 의미가 강한 것이다.

기존의 권력 계급에 대한 조롱과 규칙 위반의 세계를 보여줌으로써 미학적으로도 높은 현대성을 지니게 된다. 예를 들어, 바흐친 미학의 카니발적, 전복적, 해방적 성격을 가지고 있는 것이다. 축제는 지나간 중세의 황금시대에는 민중 전체에게 속해 있던, 세계를 향한 특출한 마음가짐이다. 그것은 두려움으로부터 해방된 세계를 지향하며, 세계와 개인을, 개인과 다른 인간들을 변화의 기쁨과 흥겨운 상호 의존성으로 밀착시켜 모두를 해방된 친밀의 영역에서 하나가 되도록 한다. 축제는 두려움이 잉태한, 교조적이고 변화에 적대적이

페루 원주민들의 춤 © 이영미

페루 원주민 아이들 © 이영미

안데스의 원주민과 '좋은 삶(Buen Vivir)' 철학 167

며 생존의 주어진 조건과 사회 질서를 절대화하는, 일방적인 공식 문화의 음울한 진지함에 저항한다. 축제적 태도는 바로 이러한 진지함으로부터 인간을 해방시키는 것이다. 이런 진지함으로부터의 해방의 문화는 20세기 들어 질서를 존중하는 규율적인 산업사회의 흐름과는 맞지 않는지도 모른다.

페루 원주민 여인들과 십자가상 ⓒ 이영미   페루 깐델라리아 성모 ⓒ 이영미

1990년 에콰도르 원주민의 저항
: 라틴아메리카의 대안적 사회운동의 출발

　산유국 중의 하나인 에콰도르도 다른 라틴아메리카 국가들과 같이 1982년부터 신자유주의가 도입된다. 그렇게 된 동기는 대부분의 라틴아메리카 국가들처럼 외환위기 때문이었다. 에콰도르는 수도인 키토에 자리 잡은 군부와 정치 엘리트에 대해 과야킬의 전통적인 농산물 수출 엘리트가 서로 대립하는 상황이다. 그런데 신자유주의적 정책 집행은 사회의 가장 아래에 위치한 원주민들에게 직격탄을 안겨주었다. 왜냐하면 신자유주의가 특징으로 하는 사회적 배제가 사회의 가장 하위주체인 원주민에 작동되어 이들은 전보다 더 억압과 차별을 받기 때문이다. 특히 신자유주의는 특히 재정 건전성을 중시하고 외채 이자를 갚기 위하여 국가의 사회적(공공적) 투자가 감소하기 때문이다. 이에 대해 원주민들은 집단적 저항을 위해 조직화를 시도하여 1986년 원주민 운동 단체인 에콰도르원주민연맹(CONAIE)을 결성하였다. 모든 것을 사유화시키는 신자유주의와 오랫동안 토지와 자원의 공동 소유에 기초한 공동체 경제를 유지해온 원주민들은 서로 충돌할 수밖에 없다. 그렇게 된 에콰도르의 사회경제적 맥락은 다른 라틴아메리카 나라들보다 원주민 농민에 의한 소농이 활발하고 이들의 경제적 효율성이 높았기 때문이다.

　그런데 기층 민중인 안데스 원주민의 집단적 저항은 식민지 시기에도 있었고 그 이후에도 있었지만 저항의 분기점이 된 사건은 에콰도르에서 1990년에 일어난 원주민 저항이었다. 다시 말해, 1990년대 이후의 라틴아메리카 곳곳에서 일어난 다양하고 지속적인 반 신자유주의 사회운동의 출발점 또는 기폭제가 바로 1990년의 에콰도르 원주민 저항이었다. 1990년 6월 키토에 있는 산토도밍고 성당을 점령하는 것으로 시작된 봉기는 몇 주간에 걸쳐 지속되었다. 원주민들은 에콰도르를 복수국민국가로 지정하는 것을 시작으로 토지의 반환과 원주민 영역의 합법화, 원주민 공동체들의 부채 탕감, 이중언어 교육에 대한 장기적 재정 지원 등 16개에 달하는 구체적인 요구를 제시했다. 핵심적인 요구는 토지개혁이었다. 그리하여 1990년의 원주민 봉기의 성공은 정부가 원주민들에게 토지의 소유권을 돌려주도록 만들었다. 그런데 중요한 것은 원주민의 토지 소유권 회복은 '공동소유'를 의미하는 것이다. 이런 토지의 회복은 원주민들에게 단순히 토지를 되찾는 것 이상의 의미를 지닌다. 무엇보다 원주민들은 회복한 토지를 기반으로 정부의 간섭 없이 공동체의 관습과 전통에 따라 공동체 스스로 운영하는 '자치'와 '자기 결정권'의 체제를 원했다. 따라서 토지 개혁 문제는 단지 경제적 문제가 아니라 사회, 정치, 문화적으로 복합적인 문제였다. 스페인의 정복 이후 약 500년 동안 받아온 차별과 억압에서 벗어나 원주민 주체성의 실현을 통해 과거의 식민성을 탈피하는 새로운 세상을 만들겠다는 출발점이 토지 문제였을 뿐이다.

이 같은 요구들은 봉기 몇 달 전인 4월에 이미 에콰도르원주민연맹(CONAIE) 전국 총회에서 결정된 것들이다. 이 결정을 그동안 소속 조직들에게 비밀로 부쳐놓았다가 봉기와 함께 정부에 요구한 것이다. 매우 전략적이고 구체적이고 급진적인 것을 알 수 있다. 대개 다문화주의 담론에 기댄 원주민 운동의 요구는 상기 요구 중 겨우 이중언어 교육의 지원 정도에 그치는 경우가 많다. 그러나 에콰도르 원주민 운동 조직이 전부 동질적인 것은 아니다. 왜냐하면 잉카제국 시대부터 대부분의 인구가 고지대에 살았기 때문에 스페인 식민시기인 18세기 말에도 인구의 90%가 고지대에 살았다. 하지만 플랜테이션 노동을 위해 해안지역으로 이주가 시작되면서 해안지역의 인구가 늘어나 1970년대에는 해안지역에 사는 인구가 고지대에 사는 인구보다 더 많아졌다. 그럼에도 대부분의 원주민들은 고지대 지역에 살고 일부는 아마존 지역에 살게 된다. 두 지역의 원주민 운동은 운동의 방향이나 목적이 달랐다. 고지대 원주민들은 토지 문제에 주로 초점을 맞추었고 반면 아마존 지역의 원주민들은 식민화와 환경문제에 주로 관심을 기울였다. 1970년대 초 석유개발 붐이 불면서 식민화와 환경파괴 문제가 큰 이슈가 되었다.

1990년 6월 이들은 정부에 대해 강하게 저항한다. 라틴아메리카 전체에서 가장 먼저 원주민 봉기가 일어난 것이다. 우리에게도 유명한 멕시코의 사파티스타 운동도 1994년이었다. 이때를 기점으로 에콰도르에서 원주민이 중요한 정치적 주체로 출현하게 된다. 왜냐하면 중요한 정치적 격변기마다 원주민들은 많은 수의 조직 동원 능력을 보이기 때문이다. 이들은 줄기차게 신자유주의에 대해 반대했다. 초기에 원주민들은 토지 문제에 대해 저항하다가 원주민의 정체성(교육) 문제에 대해 요구하기 시작했다. 원주민들의 정치참여가 활발해지면서 이들은 정당을 설립하게 되는데 1996년에 파차쿠틱당이 창설되었다. 시간이 지나면서 내륙 출신 원주민과 아마존 지역 원주민 사이에 갈등이 심화되기도 했다.

그런데 1990년 전후는 세계사적으로도 매우 중요한 시기였다.

1989년의 베를린 장벽 붕괴, 1991년의 소련 붕괴의 사건이 있었다. 라틴아메리카에서도 1989년 베네수엘라 카라카스 시내·외에서 대규모의 대중 봉기 사건이 있었고 이 사건은 그 후 차베스 혁명을 만들어낸다. 이 시기 라틴아메리카 대중의 저항을 더 살펴본다면, 1994년의 멕시코 치아파스 원주민 운동, 1990년대 중반 이후 아르헨티나 실업자들의 피케테로스 운동, 2000년 볼리비아 코차밤바의 물 민영화 저항운동 등 매우 다양한데 이들은 모두 신자유주의에 반대한 것임을 알 수 있다. 에콰도르에서는 1997년에서 2005년 동안 세 명의 대통령이 시민 봉기에 의해 강제로 퇴진당했다. 이후 2006년에 '시민혁명'을 내세운 코레아가 대통령에 당선되었고 2008년에 신헌법이 제정되었다. 코레아가 진보적 대통령이란 평가를 받는 이유는 에콰도르의 오랜 과두지배 세력에 비판적이고 사회적 약자들에게 더욱 우호적인 경제사회 정책을 펼치기 때문이다. 이를 위해 신자유주의적 흐름과 반대로 국가 개입을 강화시켰다.

1990년의 에콰도르의 원주민 운동이 성공한 이유는 원주민들이 원주민 운동단체(CONAIE)를 만들었기 때문이다. 어느 정당에 귀속된 것이 아니라 독립적으로 그리고 개별적 저항이 아니라 집단적 저항을 했기 때문이다. 결국 2008년 새로운 헌법에 원주민의 고유한 철학과 세계관, 관습법을 공식적으로 인정하는 것까지 이르렀다. 이런 변화에 대해 에콰도르의 역사학자들은 "우리는 결국 지지 않았다"는 말로 압축하여 표현하고 있다. 이 말은 약 500년이 지나는 동안 너무나 힘든 고통과 억압과 차별을 당해오면서도 자신들의 삶의 방식과 철학을 버리지 않았다는 말이다. 어떻게 이런 자율적인 에너지를 소유하게 되었을까? 그런 오랜 견딤과 커다란 현실적 변화를 불러온 근원적 힘과 요인은 무엇일까? 솔직히 쉽게 이해가 되지 않는다. 가장 먼저 드는 생각은 식민시대 초반에 스페인 정복자들에 의해 원주민 여성들이 성적으로 정복됨으로써 혼혈인 메스티소가 광범하게 출현하여 이들의 '어머니'인 원주민 여성들에 의해 원주민의 구어문화가 이야기로 전해지면서 원주민의 독특한 삶의 방식이 자연스럽게 후대로 전해지지 않았을까 하는 생각도 든다.

중요한 역사적 원인 중의 하나는 스페인 식민정부가 원주민이 노골적으로 식민체제에 반기를 들지 않는 한 원주민들의 전통적인 체제와 제도를 유지시켰던 간접적 통치방식 때문이다. 그리하여 잉카 이전부터 이어지던 아이유 공동체의 기본적인 구조를 그대로 유지하게 된다. 공동체 족장인 까시께를 중심으로 상당한 정도의 자율적 의사결정권과 통치권을 허용받았고 일정한 공동체 토지가 주어졌으며 토지의 공동 이용권을 보장받았다. 다만 이에 대한 대가로 식민정부에 조세를 납부하고 강제노동(부역)을 제공할 의무를 졌다. 그리하여 중요한 것은 원주민들에게 개인으로서가 아니라 공동체의 구성원으로서 권리와 의무가 주어졌다는 점이다. 어떻게 생각하면 전화위복이라고 할까. 금은의 채굴에만 비상한 관심을 가진 스페인 식민당국에 강제노동을 제공하는 대신 원주민 고유의 사회체제와 질서가 지속될 수 있었다는 것에 묘한 흥미를 느끼게 된다.

아무튼 원주민이 가진 힘은 주민들이 개인으로 파편화되지 않고 집단으로 조직될 수 있는 능력 때문이고, 이런 능력은 원주민의 '공동체주의'적 삶의 전통을 소중히 여겼기 때문이다. 또한 이런 능력이 1990년대 이후 신자유주의 상황에서 그 저력을 발휘한다. 특히 원주민의 공동체주의가 현실적인 힘을 가지는 것은 독특한 원주민의 토지제도 때문일 것이다. 원주민들에게는 단지 농지만 중요한 것이 아니다. "목초지, 숲, 호수, 방목지 등과 같은 공유지나 공동체적 토지는 농가를 흉작으로부터 보호해주는 등 재생산에 필수적이고 자치에 기초한 민주적 생활방식과 집단적 의사결정을 촉진하며 농민들이 서로 연대하고 어울릴 수 있는 물질적 토대이다. 특히 토지에 대한 권리나 사회적 권력이 상대적으로 약한 소농이나 소작인, 여성에게 생존, 독립, 사회성을 유지하기 위해 더욱 긴요하기 때문이다." 이런 공유지와 공동체적 삶에 기초한 경제 전통은 잉카제국으로부터 물려받았다.

그러나 식민시기 후반으로 갈수록 메스티소 인구가 증가함으로써 스페인 식민정부의 의혹과 불안감은 커지게 된다. 그리하여 식민정부는 동일 인종 혼인을 장려하면서 상류 백인 후손과 하급 원주민 사이에 계급적 격차와 차별이 더욱 커지게 된다. 하지만 과도한 조세부담, 미타 제도의 가혹함, 아이유 공동체의 변형 등으로 많은 원주민들이 농촌을 떠나 도시로 이주하게 된다. 그리하여 원주민 여성들과 스페인 백인 사이의 혼혈은 다시 증가하게 된다. 중요한 것은 원주민 운동은 원주민 자신들만을 위한 사회운동이 아니라, 여성, 학생, 농민, 도시빈민 운동 등과 긴밀히 연대할 줄 알았다는 점이다. 다시 말해 라틴아메리카의 급진적 진보의 사회관계 변혁의 중심적 집단적 주체가 원주민이라는 사실이다. 이 점은 2016년 초 오늘날 베네수엘라의 경제 위기, 브라질, 아르헨티나의 중도좌파 정부 여당의 헤게모니 패배 등에도 불구하고 에콰도르와 볼리비아가 라틴아메리카 좌파전선을 지키고 있음에도 드러난다.

원주민 운동은 계급주의적인 정통 마르크시즘의 영향으로 움직이는 것이 아님에도 권력관계와 사회관계의 계급억압에 대한 투쟁에 민감하다는 점에서 매우 정치적이다. 그리하여 유럽의 신사회운동과 맥락을 달리한다. 라틴아메리카적 맥락에 서 있는 것이다. 인종주의적 차별성에 민감하고 자본주의적 억압에 동시에 민감하다는 점에서 근대성과 자본주의를 동시에 비판하고 대안을 제시한다는 차원에서 '대안사회운동'으로 정의할 수 있다. 그 대안은 유럽중심적, 합리주의적 진보의 마르크시즘 철학과도 다른 라틴아메리카의 독특한 생태적이고 관계중심적인 원주민의 세계관에 뿌리내리고 있다. 원주민의 독특한 인식론에 우리가 관심을 가져야 하는 이유다. 서구 유럽의 인식론에 맞서는 그들 고유의 인식론 체계를 인정하여 달라는 것이다. 서로 다른 인식론 체계의 평행적 대화를 요구하는 것이다. 이를 전문용어로 '상호문화성' 담론이라고 부른다.

예를 들어, 페루의 경우에 정치사회 전체가 이미 신자유주의적 모델에 많이 편입되어 있고 이로 인해 새로운 광산을 개발하는 등 신자유주의적 경제 성장에 적극적인 노력을 기울이고 있다. 그리하여 페루 정부가 원주민들에게 여러 가지 인센티브 또는 이익을 제공할 것을 약속하고 경제발전의 성과를 원주민들에게 설득하고 있지만 원주민들은 광산 개발을 반대한다. 이들은 지식인이 아니지만 이런 광산 개발이 대부분 그곳에 살고 있는 원주민의 고유한 삶의 방식에 피해를 끼치는 것을 정확하게 인식하고 있기 때문이다. 그리하여 스스로 원주민들이 환경보존을 명분으로 이에 대해 집단적으로 투쟁하고 있다. 독특한 인식론 체계의 힘이다.

현재 페루는 2011년부터 광산 개발과 관련된 원주민의 저항과 시위로 인한 극심한 갈등을 겪고 있다. 페루 북동부 지방인 카하마르카 지방의 수원지에서 금과 구리를 채굴하려는 것이다. 여기에 대해 주민들은 광산 개발로 인한 오염으로 건강만 악화될 뿐 지역발전에 도움이 되지 않는다고 생각한다. 그러나 페루 정부로서는 광산 개발을 양보하기가 쉽지 않다. 그 이유가 페루는 광산개발을 통해 광산업자로부터 소득세를 거두어들이는 방식으로 경제성장을 이루기 때문이다. 그러나 페루 원주민 운동의 경우는 볼리비아나 에콰도르 원주민 운동의 역동성과는 거리가 있어 보인다. 그 이유는 페루 특유의 정치, 사회적 맥락 때문이다. 페루는 가르시아라는 정치인으로 대표되는 아프라(APRA)라는 정당이 오랫동안 헤게모니를 가져왔는데 이 정당은 특히 2006년부터 민족주의적 성향과 신자유주의적 성향을 동시에 가져왔다. 그러므로 오늘날까지 페루 사회경제의 지배 질서를 신자유주의가 구조화시키고 있다. 물론 원주민들은 "페루 아마존 지역 발전을 위한 원주민 종족들 연합"을 중심으로 신자유주의 개발 정책에 총파업으로 저항했다. 그러나 페루는 국가 권력 또는 지배계급의 힘이 강해서 원주민의 저항이 이를 뚫지 못한다. 특히 상징적 담론의 수준에서 신자유주의적 담론의 힘을 사회적으로 배제된 원주민 운동이 분쇄하지 못하기 때문이다. 한마디로 신자유주의에 대한 대변혁을 내세운 우말라 정부도 현재 무능을 보이고 있어 페루의 정치 사회 체제는 어정쩡한 현상유지가 지속되고 있다.

안데스 원주민의 '좋은 삶' 철학: 공동체주의

'좋은 삶' 철학은 에콰도르 헌법에 2008년부터 명시되었다. 우리 사회는 오랫동안 경제성장에만 매달려왔다. 경제가 성장하면 모든 것이 행복해지고 '좋은 삶'을 가지게 될 것으로 기대했다. 그러나 우리의 현재는 세계에서 자살률 1위 국가로 상징되듯이 매우 힘들고 불행하고 고통스런 삶을 보이고 있다. 단지 사회복지 체계가 발전하지 않은 차원이 아니라 인식론적으로 그리고 일상적인 삶의 방식에 있어 무엇인가 중요한 것이 빠져 있는 느낌이다. 이에 비해 에콰도르와 볼리비아 등은 경제력은 우리보다 훨씬 못하지만 '좋은 삶' 철학을 양국 모두 새로 개정된 헌법에 명시하고 있다. 그리고 원주민을 비롯한 일반 국민들이 그런 철학을 일상생활에서 몸으로 체현하고 있다. 현재의 신자유주의 위기 또는 절정의 국면에서 '좋은 삶' 철학이 중요한 의미를 가지는 이유는 자본주의의 위기에 대한 대안으로 '자본주의 이후'에 대한 상상력을 라틴아메리카가 유럽에 의해 정복되기 이전의 즉, '자본주의 이전'의 시점에서 찾고 있고 그 비전이 비자본주의적 미래의 방향을 제시하기 때문이다.

이 같은 비전은 1990년대 이후 근대성과 자본주의를 비판하는 라틴아메리카의 학자들이 주로 펼치고 있다. 그 논거는 자본주의의 대안이 마르크스주의 또는 사회주의가 아니라 안데스 토착 원주민의 '공동체주의'적 삶의 방식에 있다고 인식하기 때문이다. 그 이유는 현재 자본주의의 위기만이 아니라 서양 근대철학도 위기 상황하에 처해 있다고 인식하고 있기 때문이다. 그렇다고 서양 근대 철학을 폐기하고 안데스 원주민 철학이 완벽한 대안이라는 이야기는 아니다. 그 둘 사이에 위계서열이 없고 보편적 판단 준거가 부재하다는 것을 인정하면서 수평적으로 서로 '대화'하고 '번역'하자는 주장이다. 이런 대안적 주장이 바로 라틴아메리카 인문학자들에 의한 '상호문화성' 담론이다. 여기에서 긴 얘기는 할 수 없지만 세계화로 인해 타자의 문화와 접점이 많은 맥락을 인정하는 '다문화주의' 담론의 주장과는 그 맥락과 울림이 다르다. 에콰도르에서는 2008년부터 '좋은 삶' 철학을 헌법에 규정하면서 상호문화성 담론을 국가가 정식으로 인정하게 되었다. 하지만 1980~90년대에는 정부가 표방하는 담론과 원주민 운동 단체가 표방하는 담론이 서로 달랐다. 전자는 다문화주의 그리고 후자는 상호문화성 담론이었다.

담론의 차이를 살펴보면 우선 '다문화적'이란 말은 지식, 교육, 국가와 정부의 개념과 정치경제학, 도덕 등의 지배적 원리를 국가가 통제하고 국민들이 국가가 관리하는 '인식적 원리'의 토대에 도전하지 않는 선에서 자신들의 문화를 향유할 '자유'를 가지는 것을 의미한다. 즉, 다문화주의는 다양한 인종이 갖는 개별문화를 인정하고 그것을 정책에 반영하지만 기본적으로 불평등한 기존체제를 유지하는 선에서 이루어진다. 위계적, 식민적 질서를 유지하는 가운데 '원주민' 문화라는 타자의 문화를 수용하면서 기존 체제를 존속시키려는 이데올로기인 것이다. 그러므로 신자유주의와 다문화주의가 밀접한 상응성을 가진다. 반면, 상호문화성은 근대적 국민국가의 형성과정에서 배제되고 주변부로 내몰린 원주민들을 국민의 일원으로 받아달라는 단순한 인정의 문제가 아니라 서로 다른 복수의 우주관(세계관)

이 평등하게 상호 작용하는 복수 문화(국민)적 국가를 지향하는 것을 의미한다. 서로 다른 문화들 사이의 위계질서를 깨고 다양한 문화들이 평등한 지위를 부여받도록 하는 데 의미를 둔다. 이를 '탈식민적 인식의 전환'이라고 한다. 구체적인 예를 들면, 이중언어 체계를 교육시키더라도 다문화주의 담론은 교육 프로그램의 주체가 국가(정부)라면 상호문화성 담론은 원주민들이 스스로 주체가 된다. 단순히 원주민들이 교육 프로그램의 대상이 되는 것이 아니라 원주민들이 국가 건설과 교육의 방향 정립에 공동으로 참여하게 되는 것이다. 이런 상호문화성 담론이 나올 수 있는 것은 기본적으로 메스티소나 백인의 삶의 방식과 원주민의 그것이 서로 많이 다르기 때문이다.

원주민들이 이기적 태도보다 서로 돕고 사는 협동과 연대의 철학을 가지게 된 것은 원주민들의 다양한 종족 집단들이 오랫동안 한 곳(동네)에 모여 살며 아주 강력한 공동체를 구성하여 상호 '호혜적'인 사회관계를 유지하며 살아왔기 때문이다. 다시 말해 안데스 원주민 문화의 핵심어는 '호혜성'이다. 예를 들어, 잉카의 통치세력도 원주민들에게 현물 형태의 공물 납부를 시켰지만 징수된 공물 가운데 일정량은 가뭄이나 전투 등 위급한 상황에 대비하여 비축하였고 원주민들의 노동력 제공에 대해 잉카 제국은 원주민들에게 식량을 제공하고 혼인도 중재하는 등 억압적 정복자 대신에 전통적인 친족 집단의 존중받는 권력자라는 독특한 사회관계(권력관계)를 유지하고 있었다.

에콰도르와 볼리비아에서 좋은 삶 철학이 헌법의 수준에까지 인정받게 된 사회 경제적 맥락은 대부분의 주민이 도시가 아닌 농촌에 살아왔기 때문이다. 예를 들어, 1825년 독립 시에 볼리비아 인구의 10%만 도시에 살고 있었고 대부분이 원주민인 90%는 농촌에 살고 있었다. 그리고 그 후 100년이 지나서도 볼리비아 인구의 80%는 여전히 농촌에 산다.

에콰도르의 경우, '좋은 삶'을 수막 카우사이(Sumak Kawsay)라고 부른다. 수막 카우사이는 오랫동안 사회에서 배제되고 무시되어온 원주민의 세계관에서 유래한 것이다. 무엇보다 공동체적 체계로서 자연과 인간, 인간과 인간 사이의 공생의 가치를 중시한다. 다시 말해, 안데스 토착 원주민들이, 인간과 '어머니'이신 자연이 조화와 균형을 이루면서 살았던 과거의 집단적 기억을 회복하려는 것이다. 특히 스페인의 침략과 식민시기를 지나면서 원주민 사이에서 입에서 입으로 전해진 그들의 축적된 공동체적 삶의 지혜와 인간이 자연과 맺는 수평적이고 생태적인 관계의 철학이다

경쟁과 성공에 세뇌되어 무슨 짓을 해서라도 남을 누르고 자기 행복만을 확보하겠다는 불안에서 나온 지나친 효율성 숭배의 가치관과 정반대라고 할 수 있다. 그리하여 단순히 자연을 중시하자는 환경보호의 선언에 머물거나 지나친 개발을 지양하고 화석 에너지 사용을 자제하자는 '지속가능한 개발'의 수준을 넘는다. 그리하여 2008년의 에콰도르 신헌법은 자연권을 헌법상 권리로 인정하게 된다. 이 점에서 에콰도르는 세계에서 최초의 국가이다. 자연이 인간의 정복의 대상에서 벗어나 헌법적 권리의 주체가 되기 때문이다. 즉, 안데스 원주민들은 인간중심적 관점이 아니라 생명과 생태 중심의 관점에서 사유하는 것이다. 그러므로 인권 이외에 자연권도 존재하게 된다. 그러므로 자연의 환경파괴가 심각하게 되었을 때 이를 복구할 책임과 의무를 국가가 져야 함을 헌법이 명시하는 것이다. 예를 들어, 다국적 원유개발 기업인 세브론에 의해 에콰도르의 아마존 강 유역에서 심각한 환경오염과 원주민들의 건강이 악화되었을 때 에콰도

르 법정은 상기 다국적 기업에게 배상책임을 지웠으며 원주민들에게 공개사과를 명령했다.

이런 흐름에는 매우 중요한 철학(인식론)적 의미가 있는데, 이는 안데스 원주민의 철학이 근대성이 가지는 '인본주의'의 틀을 넘어서는 철학이기 때문이다. 유럽 철학이 존재론적 특성을 가진다면 안데스 철학은 '관계론적' 특성을 가지기 때문이다. 관계성의 원리에 대해 에콰도르 정부의 '민중과 국민발전 위원회'는 이렇게 말한다. "관계성의 원리는 우리에게 모든 것이 서로 연대를 맺고 있고 연결되어 있으며 상호 관계되어 있다는 것을 가르쳐준다. 즉, 각각의 행동, 요소, 사고, 의식의 상태, 감정, 사건, 기능성들이 다른 수많은 요소와 서로 복합적 관계를 이루고 있다는 의미이다." 서구에서 말하는 소위 첨단 이론 중의 하나인 '나비효과'의 시각보다 훨씬 비가시적 흐름의 의미까지 포용하고 있음을 알 수 있다. 유럽철학의 존재론적 특성은 자아와 타자라는 이분법적 성격을 가지게 되고 이것이 발전되어 식민적 폭력성을 가지게 된다. 특이한 것은 '우주적 윤리'의 관점에서 사람, 동식물, 그리고 무생물을 포함하여 모든 존재가 관계로 연결되어 있고 상호 영향을 미친다는 주장이다. 이런 주장은 매우 강력한 생태주의적 또는 영성적 주장이다.

기독교적, 초월적 신에 의한 일방적, 무조건적 사랑이란 개념을 안데스 원주민들은 쉽게 인정하기가 힘들다고 한다. 왜냐하면 모든 것이 서로 관계를 주고받는 '상보적' 관계로 인식하기 때문이다. 예를 들어, 외지에서 들어온 기업이 원주민 마을에 무료로 건물을 지어준다고 해도 원주민들은 그 건물을 사용하기를 어색해한다고 한다. 그리고 어떤 때는 밑져도 우주적 윤리에 따라 물건을 사고판다고 한다. 철저한 시장교환의 '기브 앤 테이크'가 적용되는 시장만능주의 또는 신자유주의적 사고방식으로는 쉽게 이해가 되지 않는다.

볼리비아에서 원주민이 핵심적인 정치 행위자 또는 집단적 주체로 출현하게 된 맥락은 원주민 농민 운동 지도자인 에보 모랄레스가 2005년 12월 대통령에 당선되었기 때문이다. 모랄레스는 코카잎을 재배하는 농민 노조운동의 지도자였다. 볼리비아는 1985년부터 신자유주의 체제를 도입하기 시작했다. 그런데 2002년부터 볼리비아의 정치지형에 변화가 시작되었다. 기존 정당이 아니라 새로운 정당이 출현했고 원주민이 새로운 집단적 주체로 출현하기 시작했다. 신자유주의 위기를 극복하기 위해서 기존 정당체제 유지로는 안된다는 것을 보여준 것이다. 2003년부터 2005년까지 볼리비아는 많은 국민이 시위를 벌이고 세 명의 대통령이 바뀌는 등 아주 큰 정치적 위기에 들어갔다. 짧은 기간의 정치적 위기 동안 여러 명의 대통령이 바뀌는 것은 에콰도르에서도 그랬고 아르헨티나에서도 2001년에 그랬다.

이런 절박한 상황에서 2005년 12월 모랄레스가 대통령에 당선된 것이다. 새로운 대통령은 신자유주의에 반대했고 오랫동안 정치 사회적으로 배제당해왔던 원주민이 중요한 정치적 주체로 등장한다. 예를 들어 그동안 코카잎 재배가 불법이었는데 이를 합법화시킨다. 기존의 양당 중심 '협약민주주의'의 체제와 질서도 변화된다. 왜냐하면 기존의 '협약민주주의'는 사회의 하위계급인 원주민, 도시 빈민 등을 항상 배제해왔는데 새로운 시대가 열리면서 이들 배제된 집단이 중요한 정치적 행위자로 출현하였기 때문이다. 따라서 새로 권력을 잡은 정치세력이 과거의 정치적 방식에서 벗어나 새로운 정치 행태를 보이는 것을 알 수 있다. 예를 들어, 대통령에 당선된 모랄레스는 중요한 정책 변화로 '국유화'를 실천했지만 과거의 방식에서 벗어나 "몰수 없는 국유화"를 보여주었다.

볼리비아 헌법에는 원주민의 철학인 '좋은 삶' 철학이 2009년부터 명시되었다. 예를 들어, 볼리비아의 신헌법에는 "자유롭고 독립적이고 주권을 가지고 민주적이며 상호문화적이며 탈중심적이고 자율적인 복수국민적이고 공동체적 법률을 유지하는 사회적 연합국가"를 지향한다고 되어 있다. 이 말은 위의 방향만을 고집하겠다는 것이 아니라 개인주의적, 근대적, 서구적 삶의 방식을 유지하는 것도 존중한다는 의미이다. 그러므로 복수국민적이란 표현을 하고 있는 것이다. 오랜 시간 유지되어온 원주민의 삶의 방식과 철학, 세계관을 헌법에 반영한 것이다. 구체적으로 '아이유(Ayllu)'를 가리킨다. 잉카제국은 매우 단단한 사회 경제적 구조를 가졌다. 특히 부의 공정한 분배, 농업과 목축의 높은 생산성, 그리고 광대한 도로망, 효율적인 행정 조직망, 노동에 대한 정확한 보상 등으로 가난을 해소하고 기아 문제를 해결하였다고 한다. 가난의 해소는 특히 폭넓은 호혜적 교환제도를 통해 가능했다.

여기서 이야기하는 '호혜'는 친족, 친구, 지연, 인척을 통해 행해지는 상부상조적 경제활동이고 재분배 방식은 왕이 귀족, 마을의 족장 등으로부터 선물 또는 공물을 받고 그중 일부를 다시 일반 대중에게 되돌려 분배하는 방식을 말한다. 이때 족장과 공동체의 평범한 주민들 사이의 관계는 위계서열적 관계가 아니라 친족과 같은 우애적인 것이다. 예를 들어, 공동체의 구성원인 주민이 조세의 지불능력이 없을 때 족장은 개인의 재산을 희생하면서도 대신 할당량을 채우기도 했다. 그리고 남녀 사이의 젠더 관계도 원주민 문화 특유의 상보성에 기초하고 있었지만 스페인 정복과 함께 스페인의 가부장적 제도와 이데올로기가 도입되어 원주민 여성은 인종적 억압 외에 젠더관계의 억압도 받게 된다. 안데스 원주민 문화보다 유럽(스페인)의 전통적인 사회문화적 개념이 여성을 더 열등하고 나약한 존재로 인식했음을 알 수 있다.

아무튼 아이유는 친족 공동체로서 사회적 기본단위였고 토지의 소유권은 개인이 아니라 기본적으로 아이유 공동체에 있다. 즉, '공동생산, 공동소유, 공동분배'의 잉카 원주민 고유의 삶의 방식이다. 잉카제국에 아이유는 수만 개가 존재했다. 그리고 현재 안데스 원주민의 삶의 방식이다. 구체적으로 공동의 삶의 방식은 이렇다. 예를 들어, 결혼을 앞둔 젊은 부부의 집을 공동으로 짓고 군대나 공공사업에 동원된 구성원들을 위해, 그 집안의 농사를 공동으로 지었으며 가족의 생계도 공동으로 담당했다. 또한 몸이 아프거나 불편할 경우, 아이유의 관계망 안에서 일손을 빌리거나 도움을 받을 수 있다. 결코 진보적 엘리트 지식인들의 머릿속 관념이 아니다. 재분배를 위한 공동의 노동은 '미타(mita)'라고 한다. 아이유의 싱원들이 국가를 위해 하는 공동 노동을 말한다. 이렇게 생산된 재화를 별도의 창고에 보관하였다가 재분배를 위해 사용한다. '밍카(minca)'는 아이유의 모든 성원들이 전체 마을을 위해 창고를 짓거나 도로, 다리를 놓는 공동 노동을 말한다. 이런 공동 노동은 마을 구성원들이 교대로 담당한다.

그리고 원주민 문화의 맥락에서 이야기하는 '교환'은 시장에서 이루어지는 재화의 교환을 이야기하는 것이 아니라 친족집단의 인간적 연대와 우애의 네트워크를 말한다. 즉, 도움이 필요한 사람에게 도움을 주고 도움을 받는 사람은 감사의 마음을 가지는 것이다. 이런 모든 관계망을 아이유라고 한다. 다시 말해, 칼 폴라니가 강조했던 '거대한 전환'이 이미 오랫동안 안데스 원주민들에게 존재하고 있었던 것이다.

아이유는 다양하고 작은 공동체 형태로 존재한다. 아이마라 원주민들의 오래된 역사에서 가장 특징적인 것은 잉카 지배 이전부터 오래도록 지속되어왔던 지역적, 행정적, 문화적 조직적 분할이다. 아이유들이 모여서 이뤄진 아이유 연합—차르카스, 루파카스, 코야스, 카라카라스, 파카-하케스,—등은 공통의 언어, 비슷한 신체적 특징, 가족 공동체로 구성된 노동 생산관계, 동일한 기술적 형태(관개로, 비포장도로-노동 수단-생산물의 저장 등)를 공유했을 뿐만 아니라 많은 경우 유사한 신을 섬겼고 자연에 존재하는 모든 것의 총체로서 살아 있는 생명으로 대하고 자연이 주는 선물을 받기 위해 제례를 통해 자연과 대화하는 무차별적인 기술적-종교적 태도까지 공유했다. 다시 말해 아이유 연합은 정치적으로 자결권을 가지는 사회적 재생산의 자율적 형태를 이루면서 서로 분할되어 살았다. 이런 아이유의 존재가 많은 억압과 폭력 앞에서도 사라지지 않았다는 것이 신기할 정도이다. 신자유주의의 공세 앞에서도 볼리비아 원주민은 오히려 아이유를 강화시키는 데 노력했기 때문이다.

이 좋은 삶 철학의 핵심은 '공동체적인 것(the communal)'의 추구이다. 어떻게 보면 최근 베네수엘라의 정치경제 위기 즉, 차베스-마두로 정부의 정책 실패도 공동체적인 것을 자본주의적인 것 또는 근대성의 한복판에서 실험하다가 좌초 또는 실패한 것으로 볼 수 있다. 그만큼 근대성과 자본주의의 핵심이 '사적 소유의 인정'에 있는 것과 매우 다름을 알 수 있다. 그 공통적인 것의 관계는 이웃과 자연 모두를 포함한다. 특히 약하고 배제되어 있는 존재와 관계하는 것을 중시한다. 흥미로운 것은 이런 논의들이 매우 지적인 테마인데도 불구하고 유럽과 미국에서는 이념적 지향을 두고 토론이 벌어진다면 라틴아메리카의 원주민들에게는 구체적이고 현실적인 삶의 모습 자체라는 점이다. 서로 차원이 다른 것이다. 그래서 '좋은 삶' 철학이 볼리비아 시민들의 적극적인 동의와 지지를 얻어내고 있다. 공허한 단어로 이루어진 관념적 담론이 아니라 구체적이고 물질적인 차원에서 작동하기 때문이다. 예를 들어, 볼리비아는 2006년부터 수출이 급증한다. 2003년에 수출액이 약 15억 달러에서 2006년에 40억 달러, 2008년에 68억 달러로 성장한다. 볼리비아의 좌파 정부는 눈부신 '자본주의적' 경제성장을 달성하고 있는 것이다.

첫째, '좋은 삶' 철학은 자연 친화적이고 생태적 삶을 지향한다. 인간과 자연의 관계에서 자연을 개발, 이용하여 인간에게 유익한 것을 추구하는 것이 아니라 인간과 자연의 균형 있는 관계를 지향한다. 자연친화적, 생태적 삶의 가치를 언급하면 금방 떠오르는 말이 있다. '지속가능한 개발'이다. 그러나 안데스 원주민의 '좋은 삶' 철학은 '지속가능한 개발'의 철학과 다르다. 또한 우리 사회에서 큰 유행을 얻고 있는 '힐링' 그리고 건강한 식품과 마음의 평화와 문화적 가치를 음미하는 '여행'(산티아고 가는 길) 등 높은 삶의 질을 지향하는 '웰빙'과 다르다.

'지속가능한 개발'의 철학은 흥미롭게도 에콰도르에서 1990년부터 원주민의 집단적 시위를 통해 그리고 볼리비아에서 자연 생태 환경을 중시하는 노선으로 출현하게 된다. 그러나 당시 집권세력인 신자유주의적 볼리비아 정부는 '지속가능한 개발' 철학이 가지는 이데올로기적 가치만을 인식하여 이 철학을 곧 볼리비아 정부의 공식 이데올로기로 채택한다. 그러나 실천적으로는 흐지부지하게 된다. 그러다가 볼리비아에서 '좋은 삶' 철학이 2006년부터 출현한다. 이들 두 개의 철학은 처음에는 이론과 이데올로기 유포의 수준에 머물고 있었다. 사실 이 두 철학은 서로 다른 점도 있지만 상호 공통점도 많이 있다. 특히 전자, 즉, '지속가능한 개발' 철학은 국제협력기구와 저명한 학자들로부터 열렬한 지지를 받게 된다. 그러나 일상생활에서 볼리비아의 생태환경이 구체적으로 지속가능하게 개발되는 것과는 그렇게 상관이 없었다. 지나친 자본주의 세계화의 개발 열풍으로부터 생태환경을 보존하겠다는 희망과 꿈을 더 많이 표현하는 것으로 이해할 수 있다. 이에 비해 후자는 훨씬 깊은 맥락의 의미를 가진다. 특히 인간과 자연의 관계에서 약 500년 아니 천년 이전부터 지속되어온 자본주의와 근대성의 맥락을 해체하려는 의미를 가지기 때문이다. 즉, 인간의 이익을 위해 자연을 착취 개발하는 시각에서 벗어나 자연과 인간이 같이 공존하려는 것이다.

둘째, 좋은 삶 철학은 경제 사회적으로 '공동생산, 공동소유, 공동분배'의 삶을 실천한다. 마르크스주의가 아니면서도 매우 강력하게 사회주의적이다. 이런 삶의 방식을 국가 전체로 촘촘히 넓힘으로써 신자유주의의 억압으로부터 해방될 수 있다는 것이다. 그러므로 '개인'에 기초한 기존의 근대 국가와 시민사회, 의회정치, 정당정치의 틀과 별도로 가난한 농민, 노동자들이 사회적 배제에서 벗어나 그들의 고유한 목소리를 낼 수 있도록 국가의 제도 자체를 변혁하고 재구성하여 이들의 자율적 조직을 법과 제도를 통해 구체화하겠다는 것이다. 이런 전략을 현재 전 세계에서 제대로 실천하는 나라가 바로 볼리비아이다. 다른 말로 표현하면 혁명적으로 사회적 경제, 연대 경제, 또는 공동체 경제(조합운동)의 조직망을 촘촘히 하는 것이다. 이를 전문 학자들은 '공동체적 체계'로 부른다.

이런 언급이 우리에게는 아직 추상적인 것으로 느껴진다. 그러나 얼마 전 EBS의 다큐 프로그램 〈안데스 6부작〉에서 에콰도르 오타발로 시의 원주민들의 삶의 방식을 다룬 것을 보면 현실적인 것으로 다가온다. 이 프로에 형제가 많은 원주민 가족이 나온다. 그중 형 두 명이 이탈리아와 스페인에 이주해서 살고 있는데 이런 형들이 외국에서 살면서 의류 디자인과 유행하는 귀한 정보 등을 동생에게 전해주면 원주민 고유의 전통 직조기술로 의류를 만드는 동생이 이 정보를 이용해서 돈을 많이 벌 수 있는데 그렇게 하지 않는다. 그 대신 동네의 이웃 원주민들에게 그 정보를 전해 동네 사람 모두가 돈을 잘 벌어 잘 살게 된다. 공상적인 이야기가 아니라 실제로 그렇다. 매우 주체적이면서도 매우 물질적이다. 가난해도 자족하는 법정 스님이 강조하던 '무소유'의 '금욕적' 삶이 아닌 것이다. 이런 게 바로 '좋은 삶' 철학이다.

셋째, 시간에 대한 관념이 일직선적 진보의 생각이 아니다. 다시 말해 우리는 전근대-근대-탈근대(포스트모더니즘)의 시간 흐름에 맞추어 전근대는 무언가 후지고 뒤떨어진 것으로 인식하여 앞으로(미래로) 진보, 발전해야 한다고 거의 상박관념에 사로잡혀 있는데 이들 원주민은 그렇지 않다.

나가는 말

에콰도르와 볼리비아의 원주민 운동이 보여주는 눈부신 성과들은 원주민들이 단지 경제적 이익만을 추구하는 태도가 아니라 스스로의 존엄성과 평등성을 인정받으려는 인식으로부터 출발하였기 때문이다. 원주민 운동 그룹의 지도부가 노력해온 결과 자신들의 언어와 문화에 대한 자부심을 가지게 되었기 때문이다. 다시 말해, 원주민들이 기존 사회구조에 적응하고 통합하려는 것이 아니라 자신들의 가치관과 문화를 유지하면서도 자신들이 인간답게 살 수 있는 세상을 만들려는 유토피아를 꿈꾸었기 때문이다. 오랫동안 원주민들이 정치, 경제, 사회적으로 너무나 차별받고 억압받았음에도 불구하고 그런 크고 아름다운 유토피아를 어떻게 버리지 않을 수 있었는지 정말 놀라운 일이다.

카(E. H. Carr)가 얘기했듯이 역사는 "과거와 현재의 대화"이다. 그렇듯 오늘날 안데스 지역의 원주민들이 그들이 오랫동안 간직해온 삶의 방식 또는 문화인 '공동체주의'가 꽃피우고 있다면 그것은 과거 식민지시대부터 원주민들이 그들의 공동체주의적 문화를 유지해왔기 때문이다. 앞에서 언급한 것처럼, 16세기 라틴아메리카의 정복자인 스페인은 20세기에 우리나라를 정복한 일본이 아니었다. 비록 인종주의적 편견과 유럽의 기독교문명의 우월성에 기초한 식민성을 당연한 것으로 인식하고 근대성과 자본주의가 라틴아메리카에서 시작되기는 하였지만 그 억압과 차별의 폭력은 20세기 인종주의의 폭력보다는 그물망이 훨씬 듬성듬성했다. 따라서 원주민들이 강제노동에 시달리면서도 그들 고유의 집단적 공동체주의의 전통을 유지할 수 있었다.

마야 원주민 운동의 현재와 미래
: 그들의 전쟁과 리고베르타멘츄의 '평화'

들어가는 말

  유명한 역사학자 카(E. H. Carr)는 모든 것에 원인이 있다는 자명한 명제는 우리 주변에서 무엇이 일어나고 있는지를 이해하기 위한 우리 능력의 한 조건이라는 말로 역사의 인과 관계에 대해 이야기한다. 그리고 더 나아가 루에프(Jacob Rueff)는 '세계가 우리에게 인과법칙을 부여한 것은 아니지만 그 법칙은 어쩌면 우리가 우리 자신을 세계에 적응시키는 가장 편리한 방법일지도 모른다'는 말로 사회과학에서 요구되는 수많은 사회현상들과 사건들에 대한 논리적 설명을 시도하기도 한다.

  본 장의 내용은 현재 마야 원주민 운동에 대한 서술이다. 그리고 '현재' 그들의 운동을 이해하기 위해 필자는 그들의 '과거'를 향해, 그들의 역사로 고개를 돌려보려는 것이다. 다시 한 번 카의 말을 인용하자면 현재는 과거와 미래를 가르는 상상적인 분할선으로 일종의 관념적 실재에 불과하다는 것, 따라서 현재를 이야기하는 것은 곧 과거에 대한 관심과 미래의 관심이 함께 연관되어 있다는 것이다. 현재 마야 원주민 운동을 이해하기 위해서는 곧 그들의 과거와 미래를 함께 바라봐야 한다는 것을 의미하는 말이다.

  마야 원주민 운동의 시작은 전쟁이었으며 끝은 리고베르타 멘츄(Rigoberta Menchú)가 수상한 노벨 평화상이었다. 필자는 바로 다수 원주민들이 주축이 된 전쟁으로 시작한 과테말라 36년 내전이 멘츄라는 개인으로 축소되어가는 그들의 평화에 대해서 이야기해보고자 한다. 21세기 '마야'라는 두 단어에 신비주의와 이국적 향취가 물씬 묻어나는 것을 감안하면, 마야 원주민 운동의 현재는 신비가 아닌 현실이고 이국적 향취가 아닌 치열한 싸움이 만들어내는 갈등과 긴장의 공간에 위치하고 있다. 신비의 마야가 아닌 현실 공간의 마야를 아주 잠시 만나보고자 한다면, 본 장의 글은 나쁘지 않은 선택일 것이다.

그리고 마지막으로, 본 장에서 다루게 되는 마야 원주민 운동에 대한 이야기는 현재 과테말라와 멕시코를 중심으로, 특히 과테말라 지역에 집중되어 있다는 것을 미리 알려둔다. 이는 마야인들의 주요 거주 지역이 멕시코 유카탄 반도와 남부의 치아파스, 그리고 과테말라 서북부 지역이었으며 현재도 그러하기 때문이다. 특히 과테말라는 전체 인구의 60% 이상이 마야 원주민으로 구성되어 있다. 물론이 같은 높은 비율의 원주민 구성도 과서 80~90%를 육박하던 것에 비하면 크게 감소되었지만 말이다. 그리고 본 장에서 다루는 현재 마야 원주민의 사회경제적 상황과 정치적 지위는 주로 과테말라 사례를 중심으로 이루어지고 있음을 밝혀둔다.

마야정복의 역사: 신대륙 발견 1492

세계사는 콜럼버스를 신대륙을 발견한 '위대한' 탐험가로 기록하고 있다. 그리고 1492년은 유럽과 아메리카의 첫 '조우'를 상징하는 해가 되었다. 비록 아메리카에 살고 있던 수천만 명의 원주민들에게 콜럼버스의 위대한 신대륙 발견은 유럽인들이 기억하는 것처럼 결코 영광스러운 역사가 아니었음에도 말이다. 시간을 되돌릴 수만 있다면 최대한 피하고 싶었던 식민지 역사의 시작이었다. 아메리카 원주민들은 이후 약 300여 년간 그들의 고단한 삶의 무게를 유럽의 수탈과 착취와 함께 견뎌내야 했기 때문이다. 뿐만 아니라 더욱 비극적인 것은 유럽인이 물러가는 19세기에도 그리고 20세기에도 그들의 처지는 크게 변하지 않은 채 현재에 이르고 있다는 사실에 있다.

지금의 멕시코와 과테말라에 도착한 유럽인은 스페인 사람이었다. 스페인 정복 이전의 마야는 현재 과테말라 서부 해안에서부터 멕시코 유카탄 반도까지 넓게 분포하고 있었다. 정복 이전의 마야 사회는 제전 중심의 계급 사회였으며, 부계제와 계급을 바탕으로 귀족, 평민, 노예의 구분이 있는 위계질서와 신분이 엄격했던 사회였던 것으로 알려져 있다. 그러나 마야 사회는 1524년 뻬드로 데 알바라도(Pedro de Alvarado)의 정복으로 큰 변화를 겪게 되는데 바로 당시 마야 최고 통치자를 비롯한 귀족 혈통을 가진 이들을 모두 제거했기 때문이다. 이는 한편으로, 기존 마야 사회의 와해를 의미하는 것이었으며,

다른 한편으로는 스페인 정복자들에 의해 새로운 지배구도가 만들어지게 된다는 것을 예고하는 것이기도 하였다. 그리고 이렇게 탄생한 제도가 바로 원주민 까빌도라는 제도였다. 그렇다면 유럽 식민지 시대를 관통하며 마야 원주민 사회를 지배했던 이 제도가 무엇인지 잠시 살펴보자.

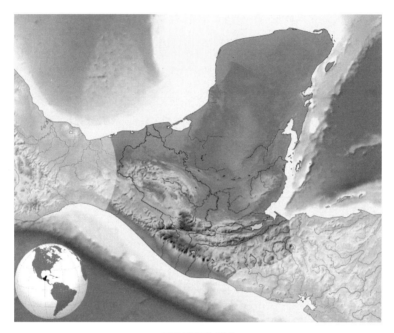

마야문명권 사진

원주민 까빌도

원주민 까빌도 제도는 스페인 식민 통치 이후 시기적으로는 가장 늦게 도입된 원주민 지배 기구라고 할 수 있다. 식민지 통치 초창기 스페인 정복자들은 마야 사회의 왕족과 귀족들을 모두 제거하여 원주민 정통 사회질서를 무너뜨리고자 하였다. 그러나 얼마 지나지 않아 마야사회의 통치 질서, 즉 부계 계승을 중심으로 하는 위계적인 공동체 질서를 다시 수립하는 것이 스페인 정복자들에게 유리한 지배 수단으로 작용할 수 있다는 것을 깨달았다. 소수 원주민 지배층을 육성하여 다수의 원주민을 통치하는 게 훨씬 수월하리라는 것을 터득했기 때문이다. 이 같은 판단에 따라 원주민 까빌도 제도는 스페인 왕실의 칙령에 의해 적극적으로 육성되어 정착되기에 이르렀다. 1550년대 이후 본격적으로 만들어지기 시작한 까빌도는 1560년대에 이르러 대부분의 마야 부족들이 이 조직을 가지고 있었다는 기록이 이를 증명하고 있다.

까빌도의 구성은 마을의 규모와 인구수에 따라 적게는 1명에서 30명까지 다양하게 이루어졌으며, 최고 수장인 시장(alcalde)에서부터 치안담당자(alguacil), 서기(escribano) 등 공동체 지배에 필요한 조직들로 구성되어 있었다. 초기 원주민 까빌도가 정착되는 곳에서는 당시 스페인에서 건너온 신부들이 구성원을 직접 임명하거나 선택할 수 있었다. 이때 신부들이 지명한 원주민들은 대부분 과거 위계 서열이 가장 높거나 혹은 살아남은 귀족 혈통의 후손들이었기 때문에 자연스럽게 스페인 정복 이전의 마야 사회의 정통적인 질서가 어렵지 않게 '복원'될 수 있었다. 뿐만 아니라, 스페인 신부의 '선택'을 받은 원주민들은 당연히 정복자에게 협조적인 부류이자 가톨릭으로 개종한 '성실한' 원주민들이 대부분을 이루었다는 점은 쉽게 짐작할 수 있다.

식민지 통치 시기의 원주민 까빌도 제도는 바로 지배자의 통치 전략인 '두 개의 정부'라는 정책에서 기인한 것이었다. 이것은 스페인 정복자들이 아메리카 원주민들을 손쉽게 지배하기 위한 수단인 동시에 자신들의 통치 기구와 변별력을 갖기 위해 고안해낸 이른바 식민지 지배 통치 전략이었던 것이다. 즉, 이미 수적으로나 '문화적'으로도 열세일 수밖에 없는 소수의 침략자들이 다수의 피정복인 원주민을 통치하기 위한 수단으로 선택한 것이 바로 까빌도를 이용한 이중(dual) 통치 제도였던 것이다.

이는 한편으로 다수에 속하는 원주민에 대한 지배를 수월하게 하려는 것이자, 동시에 스페인 백인 지배층과의 엄격한 신분적 질서와 계급적 차이를 각인시키기 위한 것이기도 했다. 원주민들의 정부는 까빌도라는 이름으로, 아메리카로 이주해 온 스페인 백인들을 위한 정부는 '시청'이라는 이름으로 각각 분리되어 운영되었던 것이다. 그리고 이 같은 이중 지배 구조의 최종 목적은 당연히 스페인 정복자들에 의해 재편성된 원주민 지배그룹을 통해 전체 마야 사회를 관리하고 지배하기 위한 것이었다.

과테말라 북부 뻬지방(Petén) 마야 티깔(Tikal) 유적지

과거 원주민 까빌도 제도가 현재는 원주민 시정부라는 제도로 존속되고 있다.
(과테말라 원주민 시정부 구성원 사진, 2014)

까빌도 제도는 스페인 왕실의 적극적인 지원과 권장으로 마련된 정책이었다. 까빌도에 참여하는 원주민들에게는 세금이나 강제부역을 면제해주기도 했는데, 왕실의 입장에서 이 제도는 아메리카 원주민을 직접 지배할 수 있는 유용한 통치 수단이었고 점점 세력을 넓혀가던 크리오요(아메리카에서 태어난 스페인 계열의 백인)의 영향력을 견제하기 위해서도 필요했다. 따라서 식민지의 주요 세금 징수 대상이었던 원주민을 직접 통치하는 방법을 고안해내는 것이야말로 당시 스페인 왕실의 주요 고민이 아닐 수 없었다. 이에 스페인 왕실이 칙령을 통해 원주민을 '자유인'으로 지칭한 것은 다름 아닌 납세 의무를 부여하기 위한 허울 좋은 명분에 불과했으며, 그들의 자유는 납세의 의무를 부과하기 위한 자유였을 뿐이다. 이처럼 까빌도의 기능은 스페인 왕실의 의도와 맞물리며 발전하였는데, 결과적으로는 원주민이 원주민을 착취할 수 있는 구조를 재생산한 것이나 다름없었다. 왜냐하면 까빌도의 주요 임무는 세금 징수였고 스페인에 납부해야 하는 세수가 채워지지 않으면 까빌도 구성원들이 대신 책임을 져야 했기 때문에, 결국에는 자신들의 부족민들을 더욱 핍박해야 하는 상황에 놓일 수밖에 없었기 때문이다. 게다가 경우에 따라서는 부족한 세수를 까빌도 개인 구성원들의 재산을 압류해서 보충하는 상황이 벌어지기도 했으므로 자신들의 부족을 더욱 수탈하는 구조가 만들어졌다.

원주민 까빌도는 세금징수, 공공시설 건설 및 정비, 사법권과 노동력(강제노동) 분배 역할 등 스페인 정복자들의 행정기구인 시청과 크게 다르지 않은 역할을 담당하였다. 그러나 지배자와 피지배자의 행정기구는 본질적으로 다른 성격의 제도일 수밖에 없다. 스페인 식민지 통치 전략인 '두 개의 정부' 정책으로 만들어진 까빌도 제도는 원주민 사회의 자치적인 운영이나 권한을 부여하기 위한 제도가 아니라, 식민지 피정복민을 이용한 피정복민을 수탈하는 이중적인 착취 제도로 봐야 타당할 것이다.

과테말라의 유명한 역사학자 마르티네스는 인디오들을 착취하는 인디오의 존재를 식민지 시기 "부유한 인디오"들로 빗대어 표현하기도 하였는데, 이들 대부분은 당시 세금 징수를 담당했던 까빌도의 구성원들인 수장이나 원로들이었다. 이들은 권력남용은 물론 스페인 통치 관료였던 꼬레히도르(corrregidor)와 결탁하여 자신들의 부족 원주민들을 착취하는 데 앞장서기도 하였다. 또한 다른 여러 역사학자들은 이들을 "원주민 갈취자들의 도당"이라고 서슴없이 부르기도 한 대목에서도 이 같은 사실은 설득력을 갖는다.

그리고 이 제도는 스페인이 아메리카에서 물러가는 19세기 초까지도 계속 유지되었다. 독립 이후 약 200여 년간 계속된 근대국가의 이념에 따른 근대화 과정과 변화되는 정권의 이데올로기에 따라 마야 원주민의 처지와 상황은 달라졌으나, 정도의 차이만 있을 뿐 근대국가의 테두리에서 마야 원주민들은 여전히 차별적이고 소외된 집단이었다. 이들은 언제나 더럽고 폭력적이며 편협하고 저열한 문화를 가진 '인종'으로 '분류'되었던 것이다. 유럽인의 '의도'대로 그들이 발견한 신대륙에는 '미개한' 사회와 '열등한' 인종만이 존재했던 것이다. 적어도 그들의 입장에서는 이 같은 규정이 훨씬 유용한 이데올로기적인 수단이었다. 이는 서구 유럽의 문명과 종교를 전파하는 인류의 보편적 사명감을 내세우며 침략과 정복행위를 정당화하기 위해 필요한 조건이었고, 이 같은 식민지 지배 이데올로기는 21세기 여전히 살아 있는 유용한 지배 수단으로 통용되고 있다. 이제는 무력적인 식민통치가 아닌 좀더 '세련'되고 '교양' 있는 방법들이 동원되었지만 말이다.

원주민들의 반란

유럽 영광의 역사는 아메리카 대륙의 원주민들에게는 죽음과 재앙의 역사이자 무차별적인 착취와 억압의 처참한 역사였다. 라틴아메리카 원주민 운동에 대한 역사적 이해는 바로 이 지점에서 시작된다. 라틴아메리카의 원주민 운동은 스페인 식민지 시기부터 꾸준히 일어났었다. 물론 착취와 수탈에 대한 저항으로 일어났던 이들의 '폭동(motin)'이 '운동(movimiento)'이라는 조금 더 중립적인 표현으로 불리기 시작한 것은 불과 얼마 되지 않았지만 말이다. 스페인 식민지 기간 동안 원주민 '봉기'에 대한 연대기 작가들의 기록, 스페인과 과테말라 등지의 식민지 자료청에 보관되어 있는 사료들에 근거한 약 150건의 '공식' 문서에 나타난 수치만으로도 폭동(motin)이 60건, 반란(sublevación)이 1건으로 기록되어 있다.

이 중에 2건은 17세기 말, 약 28건의 대부분은 18세기 후반, 그리고 나머지는 19세기 초반 20년간 일어난 것으로 기록하고 있다. 그러나 이 같은 수치는 공식적인 자료에 근거한 것일 뿐 기록되지 않은 수많은 봉기와 반란들은 훨씬 많았으리라 짐작할 수 있다. 이 문서들의 기록이 현재 멕시코와 과테말라 국경 사이의 치아파스 지역에 국한된 자료라는 것을 감안하면 말이다.

특히 금 · 은광 채굴 구역을 중심으로 원주민들의 노동력이 밀집되어 있던 멕시코와 남미 안데스 지역을 포함한다면 수많은 '반란'의 역사가 식민지 기간 동안 있었을 것으로 미루어 짐작할 수 있다. 따라서 원주민들의 '반란'은 라틴아메리카의 수많은 역사적 사건들의 일부였으며, 식민지 역사의 연속선상에서 바라봐야 한다.

샌틀라전투(Batalla de Centla). 스페인 정복자 에르난 코르테스(Hernán Cortés)와 현재 마야 부족 촌탈(Chontal)족의 전투를 그린 벽화

독립, 국가 그리고 마야 원주민

 스페인이 물러간 라틴아메리카는 이제 끄리오요들을 위한 국가
의 모습으로 변화하고 있었다. 현재 라틴아메리카 대륙 국가들의 모
습은 19세기 초반에 거의 모든 틀이 완성되었다고 할 수 있다. 과테
말라의 경우 인구의 구성은 마야 원주민이 대다수를 이루고 있었고,
최초 국가의 헌법은 1825년에 지정되었다. 근대국가의 이데올로기에
따라 이들은 마야 원주민을 국민으로 만들어야 하는 역사적 '사명'
과 300년간 식민지 경제의 근간이 되어준 원주민 노동력을 착취할
수 있는 '정당성'을 동시에 만족시킬 수 있는 '합리적' 방안이 필요했
다. 근대 국민국가의 '평등' 이데올로기와, '미개'하고 '게으른' 원주
민의 후견인을 자처하며 마야 원주민을 '국민'의 일원으로 만드는 작
업에 착수했던 것이다. 이른바 동화정책의 서막이었다.
 이 같은 동화정책은 마야 원주민의 '미개한' 언어와 전통의상을
금지하는 근대화 전략의 일환으로, 한편으로는 동화되지 않은 원주
민에 대한 노골적인 차별과 무시를 정당화하는 기제로, 다른 한편으
로는 동화된 원주민 혹은 혼혈에 해당하는 '라디노(ladino)'와 원주민
이라는 두 집단의 양극적인 대립을 만들어가는 역사적 과정이었다.
이 같은 현실은 소수 백인 과두지배 계층의 이해관계에 따라 교묘히
이용되며 '인종적' 대립이 부추겨졌으며 조장되었다. 19세기 초반 근
대 국가 형성 과정에서부터 인구의 대다수를 차지하고 있던 마야 원

주민에 대한 '처리' 문제는 끊임없는 사회적 문제로 제기되어왔으나, 이에 대한 진지한 고민과 사회적 의제로 대두된 것은 20세기 중반인 1945년에 이르러서야 가능해 보였다.

1950년대 원주민(멕시코 치아파스 주)*

---

* 　사진출처: La rebelión de las Cañadas(1995), Carlos Tello Días

근대화의 이데올로기

현재 마야 원주민들의 주요 거주지는 과테말라 서북부 지역의 산간 지역이다. 18세기 초반 스페인이 물러가고, '자유'와 '평등'이라는 자유주의 사상은 아메리카의 근대국가 형성의 주요 이데올로기였다. 그러나 구식민지 질서를 복원하고 유럽 백인 혈통의 끄리오요를 지배계층으로 하는 새로운 지배 질서를 구축했던 보수 왕정파는 원주민 까빌도 제도를 부활시켜 노동력 수탈과 그들에 대한 통제권을 회복하고자 하였다. 보수정권의 이 같은 시도는 약 30년간 지속되었으나, 결국 실패로 돌아가게 되고, 1871년 이른바 '자유주의'를 옹호하는 자들에 의해 정권이 교체되기에 이른다. 자유파 정권(1871~1944)시대로 불리는 이 시기는 식민지 질서를 옹호했던 보수 왕정파 이후 약 70년간 계속된 장기집권을 통해 다양한 '근대적'인 제도를 구축하여 국가 형성의 틀을 마련한 계기였다. 하지만 이들의 근대국가는 마야 원주민을 제도적으로 철저히 배제시키고 합법적인 수탈이 가능한, 다시 말해 근대적 착취관계를 구축해 나가는 것이나 다름없었다.

자유파 정권은 과거 백인혈통의 끄리오요 중심 권력구조를 와해하는 과정에서 새로운 국가적 정체성을 라디노라는 '혼혈'을 통해 대체시켰다. 이는 아메리카 토착 원주민이었던 '인디오'들을 배제하는 근대국가의 새로운 패러다임을 '국민'이자 새로운 '시민'으로 만들어가는 과정이기도 했다. 당시 과테말라는 세계 자본주의 시장의 수요와 맞물린 커피생산과 20세기 초 확산되기 시작한 바나나와 같은 열대과일 대량생산을 위한 대규모 토지와 노동력을 필요로 하는 농업산업국가로 변화하고 있었다. 이에 근대국가 형성의 물질적 기반이자 토대 마련을 위한 농업수출 경제 구조를 만들어갔으며, 이 과정에서 인디오들의 강제 노동은 필수적인 조건이었던 셈이다.

게다가 자유주의자들의 근대화에는 당시 마야 원주민 공동체의 공동 소유의 토지를 사유화하고 동시에 교회 소유의 토지를 몰수하여, 이른바 사적 소유 관계를 확립하는 자유경제 시스템을 도입하는 것이 포함되어 있었다. 이 같은 정책은 결과적으로 원주민들이 농사를 지을 수 있는 땅이 근대 경제 시스템에 편입할 수 있었던 소수 엘리트 집단, 혹은 정권과 유착관계에 있던 외국 투자 회사들의 소유로 집중되는 결과를 초래하였다. 이는 최소 자립경제의 근간이 되어준 토지를 몰수하여 결국 원주민들이 대규모 플랜테이션 농장의 일꾼으로 전락할 수밖에 없는 경제적 구조가 구축되었던 것이다. 뿐만 아니라 1877년에는 원주민들의 강제노동을 정당화하고 이를 보장하는 '일용노동직 법규' 발표를 시작으로 하여 다양하게 도입된 근대적 법령과 규제들은 농업수출 경제에 적합한 대규모 노동력을 제공할 수 있는 유용한 수단으로 작용하였다.

이처럼 근대화 정책의 기본 골자는 토지의 사적 소유를 합법적으로 보장하고 원주민을 이용한 강제 노동을 제도화하는 것으로, 당시 과테말라 사회의 모습을 티슬러(Tischler)는 "국가의 대농장화"라고 부르기도 하였다. 다시 말해 근대국가 형성을 위한 근대화 이데올로기는 다름 아닌 과두 지배계급의 독점적인 농업수출 경제 구조가 야기한 토지소유의 집중과 원주민 노동력 착취를 공고히 하는 '합법적' 수단의 이념적 명분이었던 것이다. 이는 새로운 국가를 상상하는 이른바 '혁명정권'의 등장으로 자유주의자들의 독주가 잠시 멈추는 1944년까지 약 70년간 계속되었다.

근대국가의 마야 원주민

21세기의 과테말라는 자유주의 민주국가이다. 마야 원주민을 속박하는 노예제도는 철폐되었고, 뒤이어 교묘한 방식으로 제도적·합법적으로 보장했던 강제노동법도 이제는 사라졌다. 그리고 '영원한 봄'의 나라로 불리는 과테말라의 화사한 날씨와 푸른 자연환경은 신의 선물이라 해도 과언이 아닐 만큼 보는 이들로 하여금 감탄을 금치 못하게 한다. 과테말라 수도의 최고 부촌지역에 정갈하게 가꾸어진 나무들과 거리, 주말이나 연휴가 되면 사람들로 가득 차는 대형 쇼핑몰의 깔끔한 외벽과 실내의 화려함은 짐짓 평범한 우리 같은 사람들조차 놀라지 않을 수 없다.

과연 이곳이 제3세계 국가인지, 가난과 영양실조로 매해 수많은 아이들과 어른들이 고통받는 곳인지, 일간지와 뉴스에서 매일 소개되는 살인사건이나 갱들의 구역 쟁탈전으로 야기되는 혼란이 정말 이곳에서 일어나는 것인지 믿기지 않을 정도이다.

또한, 부촌 지역이라면 흔하게 볼 수 있는 원주민들의 발빠른 출퇴근 모습들. 그들은 부촌 저택의 정원사나 가사도우미로 일하는 사람들이다. 메이드 복장의 원주민 소녀들이 아침마다 '주인'집 애완견을 산책시키는 모습은 과거 식민지 시대의 봉건 사회를 연상케 하기도 한다. 이처럼 근대적 자본주의 도시에서 느껴지는 전근대적인 봉건적 사회질서를 단순히 자본주의 사회 혹은 라틴아메리카 사회의 일반화된 빈부격차로 치부해버릴 수 있을까. 과테말라 사회에서 두드러지게 관찰되는 대다수 원주민 계층의 빈곤화와 상층 소수 원주민들의 '신분' 상승은 어떻게 이해되어야 할까.

까나다(Cañada), 과테말라 최고 부촌 거주 단지(2014)

과테말라시티 농산물 도매 시장.
대부분 원주민 상인들이 모여 있는 곳이다.(2014)

한편, 과테말라 수도에서 서북부 방향으로 약 150km 떨어진 곳에 위치한 키체 주(州)에는 치치카스테낭고라는 곳이 있다. 이곳은 마야 부족의 하나인 키체족(Quiché) 중심의 원주민들이 인구의 약 90% 이상을 차지하는 곳이다. 참고로 이곳 인구는 약 8백만 명으로 추정되고 있다. 그리고 이곳은 마야 원주민들이 제작한 수공예품을 파는 재래시장이 열리는 곳으로 유명하며, 이로 인해 외국 관광객들에게 널리 알려진 곳이기도 하다.

이곳의 원주민들의 모습은 과테말라 도시의 원주민 노동자에게서 느껴지는 분위기와는 사뭇 다르다. 도시의 원주민들에게서 느껴지는 '체념'이나 '무표정', 그리고 자신을 고용한 주인을 향한 순종적이고 복종적인 모습과는 대비된다. 자본주의식 상품거래보다 '물물교환'에 더 익숙할 것 같은 우리의 상상 속에 있는 신비스러운 모습과도 거리가 멀다. 이곳을 지나가는 외국인 관광객을 대상으로 몇 개의 영어 단어를 섞어가며 적극적인 호객 행위를 하고, 가격 흥정 면에서도 전혀 뒤지지 않는 노련함 등으로 무장된 그들의 당당함이 전해질 정도이니까.

근대국가의 외형을 갖춘 과테말라의 마야 원주민들은 한편으로는 도시의 여느 노동자와 다름없는 모습으로, 다른 한편으로는 자신들의 전통과 문화를 '근대'라는 경계에서 상품화하는 모습에 대해, 필자는 이곳 한 여행객의 안타까움 섞인 여행기로 대신한다.

"치치카스테낭고 (…) 이 지역은 마야인의 후손이 전통적인 생활방식으로 살아가는 공동체가 유지되고 있는 곳이라고 해서 솔깃한 마음으로 가보기로 결심했다. (…) 먼저 눈에 띄는 것은 꽃무더기들, 성당 앞에 뭔가 태워 솟아나는 흰 연기, 또 한편에서 연기 나는 깡통을 흔들고 있는 원주민... 이해가 안 돼서 드는 생각 "저 꽃은 누가 사나, 뭐에 쓸라꼬? 왜 성당 앞에서 뭘 태우고 그려? 저 아재는 뭐하는 짓인겨?" 속 시원하게 물어볼 수 없으니 사람 사는 세상에선 손짓 발짓으로 웬만하며 다 통한다는 내 소신이 지금 이 순간만큼은 쓸모 없음을 '처절히' 확인해야 했다(나중에야 그곳이 마야 신전이 있었던 곳이고 신에게 바치기 위한 꽃을 파는 것이고, 제물을 태워 신에게 올린다는 것을 알았지만 말이다). (…) 마야인의 전통의식이 어떤 것인지를 경험하지 못한 것을 아쉬움으로 남기고 나는 다시 시장골목으로 향했다. 원주민들이 이고 지고 와서 펼친 시장통은 한마디로 만물상, 음식에, 곡물, 가축, 채소, 과일, 공예품, 그림, 농기구에 생활 용품까지 없는 게 없다. 거기다가 알록달록 화려한 색동의 전통의상을 입고 온 원주민과 여행객이 모여 북적북적. 전통의상을 입은 꼬마소녀들이나 아가씨들을 보면 "참 곱네" 소리가 질로 난다. (…) 시장이 파할 무렵 마주친 원주민 행상 아지매가 들이댄 장식 식탁보에 아무 생각 없이 얼마냐고 물었을 뿐인데, 끈질기에 따라온 정성으로 반값으로 구매하게 되었다. 싸게 사고도 즐겁지 않은 이 감정. 서로의 생활과 생계를 이어주는 원주민 시장이 맞겠지만 여행객에게 전통이라는 이름으로 기념상품 판매시장이 되어간다는 느낌, 그들의 터전과 문화를 대를 이어 지키고 살아온 원주민들이 스쳐 지나가는 이들에게 전통이라는 이름을 팔아야만 살아갈 수 있는 생활, 상품으로의 전통? 왠지 씁쓸함과 안타까움이 든다. (…) 스쳐 지나가는 여행객일 뿐인 내가 이 짧은 시간에 얼마나 많은 원주민들의 삶을 알겠냐마는 공존이라는 말이 머리에 떠돈다. 자신들의 전통의식과 가톨릭, 전통적인 생활과 생계를 위해 전통을 파는 상품시장, 삶과 죽음이

치치카스테낭고 시장 전경

치치카스테낭고, 성당 앞 꽃을 파는 원주민

같이 공존하는 곳... 긴 세월 속에 살아남기 위해 점차 퇴색되고 변질되었더라도 자신들의 문화와 공동체 삶을 지켜온 이들의 삶이 존중되고 사람 사는 세상으로 기억되었으면 좋겠다."*

* 이 여행기는 부산외국어대학교, 중남미지역원 웹진 제29호에 실린 여행기를 인용한 것으로, 저자는 최영민이며 과테말라 여행기를 투고해주셨다.(http://www. lakis.or.kr/webzine/29/05_1.html)

마야 원주민의 "봄"

　마야 원주민의 봄은 1944년 과테말라 10년의 봄과 함께 찾아왔다. 1944년부터 1954년까지 과테말라는 이른바 "10년의 봄"이라는 개혁의 시기 혹은 혁명이라 불리는 새로운 시대를 맞이했다. 대규모 커피 생산경제를 중심으로 형성된 과두 지배 엘리트 계급은 과테말라의 정치권력과 경제력을 독점했고, 이는 다시 그들의 기득권을 유지하는데 중요한 구조적 조건이 되었다. 지난 70여 년간 자유주의를 표방한 독재정권이 구축한 소수 엘리트 지배 계급과 이를 바탕으로 고착화된 모순적인 사회구조는 결국 대학생, 교사, 도시 노동자 등이 중심이 된 대규모 반독재 저항 운동을 일으켰다. 철권통치의 정점에 있던 유비꼬(Ubico) 정권은 결국 1944년에 무너지고, 과테말라 10년의 봄과 마야인의 봄은 이렇게 시작되었다.

　스페인의 지배를 벗어나고 약 100여 년간 보수왕정파와 자유 독재정권의 원주민 정책은 근대 국민국가의 틀을 다지기 위한 정치적 경제적 이해관계의 틈바구니에서, 전자가 식민지의 구질서를 따르는 '공존'의 방식이었다면, 후자는 원주민들을 근대국가의 자유 임노동자로 탈바꿈시키는 과정이었다. 그리고 1944년 개혁 정부가 들어서면서, 비로소 '원주민들의 문제'가 거론되기 시작하고 과테말라 헌법에 처음으로 라디노(혼혈)과 원주민을 구별하지 않고 과테말라의 '국민'을 통일하여 표기하기에 이르렀다. 적어도 이제 마야 원주민을 경멸과 천시하던 의미를 담아 부르던 '인디어'라는 말이 헌법상에서는 사라졌던 것이다.

그럼에도 불구하고, 이 새로운 개혁정부가 원주민의 문제를 바라보는 시각은 여전히 지난 100여 년 동안 끄리오요 독재정권과 과두세력이 원주민 '문제'를 바라보던 태도와 크게 다르지 않았다. 진보적인 국가개혁을 주장하며 정권을 잡은 개혁정부도 지난 수백 년간 고착된 인종주의적 이데올로기와 무게를 극복하기에는 여전히 많은 한계를 가지고 있었던 것이다. 1945년 세워진 국립인디언협회에서 다루어진 의제들을 보면 이를 쉽게 짐작할 수 있다. 당시 개혁정부를 필두로 하는 과테말라 사회가 마야인들을 향한 문제 인식의 성격은 다음과 같이 요약될 수 있다. 우선 원주민들의 '낮은' 문화적·사회 경제적 수준, 그들의 '고립'적인 경향, 그리고 현재 과테말라의 지배적인 문화와는 너무 다른 그들만의 전통문화를 고수하려는 태도 등의 내용이 그 주요 골자를 이루고 있다. 결국 이 같은 입장은 원주민이 과테말라의 근대적인 국가 체제로 얼마만큼 순응하고 편입하느냐에 따라 그들의 물질적 생활조건뿐 아니라, 사회 경제적인 위치도 변할 것이라는 전제가 수반되어 있었던 것이다.

그럼에도 불구하고, 이 시기의 과테말라 사회는 과거 보수파나 자유 독재정권과는 질적으로 다른 개혁적 성격의 사회정책들이 도입되면서 마야 원주민을 비롯한 대다수 국민들의 지지와 호응으로 새로운 국면을 맞이하고 있었다. 우선, 1944년 개혁정부는 과테말라 역사상 최초의 자유 공정선거를 통해 개혁주의자 아레발로(Arévalo) 대통령이 정부의 수반이 되었으며, 친민중적 정책노선이 실시되었다. 첫째, 노동자 임금 개선 및 부의 재분배 정책을 도입하였고, 둘째, 1945년 헌법 개정을 통해 과테말라 사회보장제도를 처음으로 실시하기도 하였다. 셋째, 독점 농업수출경제의 근간을 이루던 강제 노동의 의무를 폐지하고, 농민들의 자주적 권리를 보장하기 위한 노조 결성을 적극 권장하는 정책 등 사회의 다방면에서 개혁 정책들이 이루어졌다. 이처럼 확연히 다른 과테말라 사회의 분위기는 마치 겨울을 이겨낸 '봄'으로 비유되기도 하였던 것이다. 그리고 무엇보다 1952년 공표된 '토지개혁법 900(Decreto 900)'은 '영원한 폭정정치의 나라에 도래한 봄'으로 비유되기도 하는 등, 당시 과테말라 사회의 고무된 개혁의 분위기는 마야 원주민들에게도 마찬가지로 새로운 시대에 대한 희망이 가득한 시기였다.

토지개혁

　과테말라 사회의 극심한 토지 소유 집중 현상은 이른바 개혁 정부가 출범하기 전 약 70년간 계속된 자유 독재정권 시기 농업 수출경제의 호황으로 대규모의 토지가 필요해지면서 심화되었다. 이 시기의 최고의 수혜자는 미국 유나이트 푸르트 회사(United Friut Company)와 같은 다국적 기업과 자유 독재정권과 유착 관계에 있었던 소수 과두세력의 자본가들이었다.

　이에 1951년 대중의 압도적인 지지로 재집권에 성공한 개혁정부는 아르벤스(Arbenz) 대봉녕을 숭심으로 대대적인 토지개혁을 단행하게 된다. 아르벤스 정권은 토지 개혁이 발표되고 실시되었던 약 18개월 동안 경작되지 않은 채 방치되거나 버려진 토지를 개인 소유주로부터 유상 몰수하였고, 이를 농민들에게 나누어주었다. 당시 사유지 유상 몰수 방식은 부동산 공식 감정가 기준이었으나 탈세를 목적으로 공시가격을 낮게 책정한 터라 대부분의 소유주는 '손실'을 입을 수밖에 없었다.

　결국 토지개혁은 그동안 실시되었던 수많은 반엘리트적 사회개혁 정책으로 기득권을 상실한 위기에 놓여 있던 과두세력과 개혁성향의 정부를 우려스럽게 바라보던 미국의 개입으로 군사 쿠데타의 명분이 되었다.

　반면, 1954년 토지개혁으로 혜택을 본 농민의 수는 전체 인구 3

백만 명 중 약 13만 8천 명에 이르렀으며, 이들 대부분은 마야 원주민이었다. 뿐만 아니라 토지 개혁의 주요 혜택의 대상은 식량난이 심각했던 과테말라 서북부 지역으로 마야 원주민의 밀집 거주 지역이었다. 마야 원주민들이 대부분 농민이었다는 점을 감안하면 아르벤스 정권의 토지개혁은 원주민들에게 상당한 반향을 일으킬 수밖에 없었다.

또한 토지개혁법은 각각 지정된 구역에 '지역농업위원회'를 조직하여 로컬권력의 새로운 구조를 만들도록 하는 내용도 포함되어 있었다. 이에 1954년에는 전국에 걸쳐 약 1,496개의 농업위원회가 창설되기도 하였다. 이 시기 마야 원주민들은 농업위원회를 구성하는 주요 일원으로 활동하였다. 이처럼 아르벤스 정권의 토지개혁은 1944년부터 실시한 여타 다른 사회개혁정책보다 정치적으로나 사회적으로 가장 큰 파장을 일으킨 것은 의심할 여지가 없다. 다름 아닌 지배계급의 주요 물적 기반이 되는 토지를 재분배하는 정책을 통해 사회의 최하층을 이루는 무토지 농민이나 강제노동의 주요 대상이던 원주민들이 새로운 정치적 주체로서 등장하는 계기를 마련했기 때문이다.

그러나 토지개혁이 실시되는 동안 발생한 지주와 원주민 농민 단체의 무력충돌, 농민과 조직 활동가를 대상으로 일어난 암살, 납치, 고문 등으로 농촌지역의 갈등은 심화되고 있었고, 점차 폭력적 양상으로 전개되고 있었다. 이제 더 이상 과두 지배계층에 의한 일방적 폭력이나 억압이 아닌 공격과 방어가 반복되면서 갈등이 증폭되는 시기였다. 마야 원주민들의 전쟁은 이렇게 시작되고 있었던 것이다.

마야인들의 전쟁

　마야인의 전쟁은 과테말라가 36년 내전으로 치닫는 상황과 함께 시작되었다. 1954년 아르벤스 정권을 쿠데타로 무너뜨린 군부는 이제 친아르벤스 세력과 이에 동조한 사회단체와 지도자들을 대상으로 대대적인 정치적 탄압을 시작했기 때문이다. 광범위하게 자행된 국가폭력과 정치탄압에 맞선 진보 좌파세력들이 무장 게릴라군을 결성하면서, 60년대 이후 과테말라는 격렬한 내전으로 돌입하게 되었다. 그리고 이는 평화협정이 맺어지는 1996년까지 약 36년간 지속되며 약 20만 명의 사상사를 내며 끝이 나게 된다.

　마야 원주민들은 1970년대 이후 과테말라 중서부 지역에서 세력을 확장하며 내전에 가담하였다. 이 원주민 농민 세력은 내전의 판세를 뒤흔들 만큼 강력한 힘으로 군부를 위협하며 근대 과테말라 정치역사상 원주민의 정치 운동으로서 가장 두각을 나타냈다. 당시 과테말라는 마야 원주민의 인구가 월등히 다수를 차지하는 상황에서, 좌파 게릴라 세력과 연합한 원주민 농민 반란 세력의 확장은 군부와 과두 지배계급들에게 큰 위협으로 다가올 수밖에 없었다.

　이 시기 마야 원주민 세력의 조직화 양상은 과거 식민지 시대 노예 신분이었던 그들이 일으킨 '폭동'과는 질적으로 다른 것이었는데, 왜냐하면 이제는 적극적인 정치적 행위자로서 내전에 가담하고 있었기 때문이다. 그리고 이 같은 사실은 이후 과테말라 군부가 마야 원주민과 그 공동체를 대상으로 자행한 수많은 대량 학살과 제노사이드와 같은 무자비한 국가 폭력의 근본적인 원인이기도 하였다.

과테말라 36년 내전기간 동안 발생한 20만 명 사상자의 90% 이상은 마야 원주민들이었으며, 국가 폭력이 절정에 이르는 70년대 말부터 80년대 초까지 발생한 사망자 수는 36년 내전 동안 사망한 수의 절반인 10만 명에 이르는 것이었다. 마야 원주민들은 이 시기를 '라비올렌시아(La Violencai, 폭력)'의 시대로 기억하고 있다. 마야 원주민 공동체 수백 개가 불타거나 사라졌고, 5만 명 이상의 원주민이 살던 터전을 잃고 뿔뿔이 흩어져야 했으며, 15만 명의 원주민 난민은 멕시코 국경지대로 국가의 폭력을 피해 도망가야 했다.

군부의 대대적인 군사작전을 펼친 키체(Quiché) 주, 네바흐(Nebaj), 1982. 군부가 장악한 원주민 공동체에서 독립기념일 행사하는 모습. 참가하지 않으면 게릴라로 간주되어 모든 주민이 (경례)모습을 하고 참석하고 있다.*

---

* 사진출처: Guatemala: Eterna Primavera, Eterna Tiranía(2012), Jean-Marie Simon

과테말라 인구의 대다수를 차지하는 마야 원주민들이 언제든지 게릴라가 될 수 있는 가능성과 수백 년 동안 수탈과 억압을 받던 이들이 정치 세력화된다는 것은 당시 지배계층과 군부의 신경질적인 우려를 자아내는 것이었다. 그리고 그 결과는 극단적인 국가폭력을 동반한 제노사이드와 대량 민간 학살이었다. 이를 입증이라도 하듯, 당시 군부 지휘관이었던 리오스 몬트(Ríos Montt)가 스스로 명명한 "물고기의 물을 빼앗는 전략"의 군사 작전은, 점차적으로 세를 확장하던 게릴라들의 기반을 제거하고 동시에 다수의 잠재적인 원주민 반란 세력을 사전에 막으려는 전술의 일환이었다.

군부의 대대적인 군사작전을 펼친 키체(Quiché) 주, 아쿨(Acul) 지역, 1983. 전쟁으로 부모를 잃은 아이(11살). 이 아이의 부모는 군부에 의해 처형당했으며, 이후 아이는 군부에 의해 징집되어 군에 입대한 모습이다.*

그렇다면 과테말라 군부는 왜 마야 원주민과 그 공동체를 중심으

* 사진출처: Guatemala: Eterna Primavera, Eterna Tiranía(2012), Jean-Marie Simon

로 집중적인 대규모 학살을 자행해야 했을까. 군부나 과두 지배세력들에 의해 잉태된 인종주의적 편견이나 적대감만으로 특정한 종족에 대한 무차별적인 학살을 과연 설명할 수 있을까. 당시 과테말라 군부는 군사작전의 필요성을 넘어서는 원주민 대량 학살을 자행하였으며, 마야 원주민들의 무차별적인 희생과 죽음을 가져온 과테말라의 비극적인 역사적 사실은 여전히 많은 설명과 해명을 필요로 하고 있다.

과테말라 중북부 알따베라파스(Alta Verapaz) 주, 샤만(Xaman) 지역 제노사이드로 가족을 잃은 한 노인이 무덤 앞에 앉아 있다.*

국가 폭력을 독점한 군부가 자행한 수많은 민간 학살과 제노사이드적인 인종 학살은 당시 군부와 결탁한 과두지배 계급들의 반공 이데올로기에 따른 이념 갈등이라는 형식적 외양을 가졌을 뿐, 내용적으로는 토지개혁을 정점으로 하여 기득권을 상실한 위기에 처해 있

---

* 사진출처: Guatemala: Imágenes de la Paz(2004), MINUGUA(과테말라 유엔진실위원회)

던 과두지배 계급과 원주민을 포함하고 있던 개혁 세력 간의 계급 간 적대가 만들어낸 계급투쟁의 결과물로 보는 것이 조금 더 객관적 사실에 근접한 설명일 것이다.

우선 국가폭력의 수위가 정점에 다다른 1980년대 농촌의 원주민 공동체를 대상으로 자행된 수많은 학살과 테러는 인구의 다수를 차지하면서도 역사적으로 가장 억압받고 착취당한 피지배 계급 원주민들이 내전에 적극적으로 가담한 시점과도 일치하기 때문이다. 게다가 이들이 좌파 게릴라 세력과 본격적으로 연합하여 세력을 확장할 수 있는 가능성의 징후는 이미 나타나고 있었고, 실제로 토지개혁 정책에 적극 동참했던 지역농업위원회의 구성원들이었던 원주민들의 대다수는 이후 좌파 게릴라 세력과 적극적으로 연합하고 있었다.

마야 원주민들이 내전에 적극 가담한 역사적 사실은 1952년부터 실시되었던 토지개혁이 기폭제로 작용했음이 분명하다. 마야 원주민늘에게 토지란 가장 기본적인 생산 수단이자 그들 공동체를 구성하고 유지하며 삶의 연속성과 근간을 보장해주는 것이었다. 농민에게 토지란 없어서는 안 되는, 농민을 농민일 수 있도록 해주는 것이다. 원주민 농민들에게 토지는 언제나 그들 삶의 중심에 있는 없어서는 안 되는 중요한 생산수단이었다. 마야 원주민 공동체의 물적 기반인 토지는 그들의 언어, 전통, 문화를 유지할 수 있도록 하게 하는 시작인 셈이다. 이 같은 현실적인 요구가 마야 원주민들이 과테말라 36년 내전의 주요 주체로 등장하게 되는 필연성을 담보했다고 볼 수 있다.

그러나 과테말라 군부에 의해 자행된 국가폭력의 잔혹성은 이후 마야 원주민 운동의 흐름에 큰 변화를 주는 결정적 계기로 작용하였다. 1970년대 마야 원주민 운동의 헤게모니를 장악했던 계급성에 변

화를 가져왔으며, 원주민 운동의 탈계급적이고 탈정치적인 성격을
그대로 재현하며 체결되는 1996년 평화협정으로 36년간의 전쟁은
끝내 막을 내렸다.

1996년 평화협정 이후 게릴라 연합군(URNG)의 무장해제 모습(1997).
과테말라 서북부 멕시코와 국경 맞대고 있는 우에우에떼낭고(Huehuetenango)*

---

* 사진출처: Guatemala: Imágenes de la Paz(2004), MINUGUA(과테말라 유엔진
  실위원회)

1996년 평화협정과 마야운동

1996년 우여곡절 끝에 평화협정이 체결되었다. 이로써 36년 내전은 20만 명의 희생자를 내며 종료되었다. 그러나 내전의 근본적 원인이자 계기가 되었던 모순적인 사회경제적 구조는 해결되지 않은 채 총성만이 멎었을 뿐이다. 과테말라는 여전히 소수 상류층과 마야 원주민들이 대부분을 이루는 열악한 사회계층 사이의 심화되는 간극이 뚜렷하다. 전체 인구의 7%만을 구성하는 백인 위주의 소수 엘리트 계층은 국가 전체 부(富)의 50% 이상을 독점하는 반면 빈곤층은 국민 60%를 육박하고 있다. 뿐만 아니라, 과테말라 사회가 농업 기반 사회임에도 불구하고 농업인구의 1% 미만이 경작지의 75% 이상을 소유하고 있는 현실을 어떻게 설명해야 할까.

과테말라 내전을 종식한 평화협정은 결코 군부나 기득권층의 의지가 투영된 과정이 아니었다. 평화협정 체결에 결정적인 영향을 준 국제정세를 살펴보면 이를 쉽게 알 수 있다. 당시 국제적으로는 90년대 이후 소비에트 연방의 몰락으로 한편으로는 좌익 게릴라들의 활동을 위축시켰으며, 다른 한편으로는 냉전의 이념갈등에 기반을 둔 반공주의를 통해 국가폭력을 정당화한 과테말라 군부독재의 존립기반을 크게 약화시켰다.

뿐만 아니라 엘살바도르 내전 종식으로 중미의 정치적 안정과 민주화를 요구하는 미국을 비롯한 국제사회의 '요구'가 과테말라 군부와 지배계층을 압박하고 있었다. 게다가 이미 80년대 중반 이후 무자비한 국가폭력을 피해 국외로 탈출했던 마야 원주민들은 과테말라에서 일어나고 있는 실상을 국제 사회에 널리 알리고 있었으며, 1992년 마야-키체족인 리고베르타 멘츄(Ligoberta Menchú)가 원주민 최초 노벨평화상을 수상하면서 과테말라 '인종' 학살과 인권유린 문제에 대한 국제사회의 관심은 더욱 높아지고 있었다.

국제노동기구(ILO)는 1989년 처음으로 원주민과 부족의 권리를 국제적으로 인정하는 국제법안 '협약 169'를 공표하였다. 이제는 원주민의 권리와 인권 문제가 국제 아젠다로 떠오르면서, 당시 라틴아메리카 원주민 운동은 이 국제협약에 근거하여 '원주민의 권리 보장' 운동에 전념하고 있었다. 과테말라 마야 원주민 운동도 예외는 아니었다. 과테말라 군부의 대대적인 원주민 '소탕' 작전은 1980년대 중반 이후 조금씩 느슨해지면서, 마야 원주민 운동이 재정비할 수 있는 '정치적' 공간이 마련되기도 하였다.

그런데 이번에는 '계급'이 아닌 '마야(Maya)'를 통해 문화, 전통, 언어 등을 재건하는 문화적 투쟁(lucha cultural)으로 차차 흡수되어가는 양상으로 변화되었다. 90년대 전후를 기점으로 발전하기 시작한 이 같은 '마야운동(Movimeinto Maya)'의 흐름은 과거의 '영광'을 회복하고 선대 문화의 '우월성(superioridad)'과 '완벽성(perfección)'을 바탕으로 재현하는 '가공의 역사(imaginario)'를 재구성하는 것이었다.

이 같은 국내외적 상황은 96년 체결된 평화협정 과정과 내용에서도 여실이 드러난다. 결과적으로 평화협정 체결은 과두세력이 국제 사회의 압력으로부터 자유로울 수 없는 상황에서 그동안 실추된 국가 이미지를 만회해야 한다는 정치적 판단에 따른 것이라고 볼 수 있다. 따라서 원주민과 좌익 게릴라 연합이었던 URNG의 계급적 요구가 관철될 수 있는 가능성은 애초부터 미비했다고 볼 수 있다. 그리고 잔혹한 국가 폭력으로 인해 계급적 요구가 위축된 상황에서 탈정치적인 문화권리 중심의 '마야운동(Movimiento Maya)'이 주도적인 지위를 확보하면서 계급적인 원주민 운동은 그 동력을 급격하게 상실해 갔다. 이에 과테말라 정부가 마야 원주민의 문화적 권리를 보장하는 내용의 '다문화주의(multiculturalismo)'를 채택하고 22개의 마야 언어와 그들의 문화와 전통을 인정한다는 것을 공식화하는 것으로 평화협상은 일단락되었다.

그러나 평화협정의 내용에는 내전 기간 일어났던 '인종' 학살 문제와 관련자 처벌 등과 같은 과거 청산에 대한 의제는 물론이고 마야운동 단체의 주요 관심사였던 '원주민 정체성과 권리'에 대한 협의조차 구체적인 성과 없이 마무리되었다. 정부는 최소한의 '문화적 권리'만을 인정하는 수준에서 평화협정을 체결하는 것으로 국내외적으로 형성된 불리한 상황을 모면하려 했던 것이다. 과테말라 사회경제 구조 개혁이나 토지문제는 '당연히' 평화협상을 위한 논의 대상이 될 수가 없었다.

이처럼 평화협상을 대하는 정부의 태도에서 군부를 비롯한 과두 지배계층은 결코 적극적인 계급적 타협의 의사가 있었던 것이 아니라 미국과 유엔이라는 국제사회의 압력과 오랜 내전 기간 실추된 국가 이미지를 더 이상 방치할 수 없다고 판단한 기득권 세력의 어쩔 수 없는 정치적 선택이었다고 보는 것이 타당할 것이다. 최소한의 '양보'를 제공하고 자신들의 기득권을 지키려는 전략이었던 셈이다. 그리고 이렇게 과테말라의 평화는 리고베르타 멘츄의 노벨평화상 수상이라는 개인적 '영예'만을 안겨주고 맥없이 끝나고 말았다.

리고베르타의 '평화'

현재 마야 원주민 운동은 더 이상 조직이나 단체를 기반으로 하는 공통의 목적을 위해 협력하고 연대하는 방식이 아닌, 멘츄와 같은 '상징적' 인물 혹은 개별 활동가 중심의 개인 위주의 운동으로 변화되었다. 단순히 문화 권리를 회복하고 그들 고유의 전통을 인정받기 위한 활동에 집중하고 있으며, 원주민 다수의 실질적 생활 개선과 관계된 사회경제적 개혁 요구는 배제되어 있다. 이에 한 마야 원주민 연구가는 "소수 엘리트주의적인 마야 운동가들이 제도화된 국가 기구로 흡수되어가는 대신 마야 공동체와 마야 대중으로부터 멀어지기로 선택했다"고 꼬집어 비판하기도 하였다.

이 같은 극단적인 예가 바로 노벨평화상 수상자로 유명해진 과테말라 마야 키체족 리고베르타 멘츄의 행보이다. 멘츄의 행보는 제도화된 마야운동의 전형적인 사례라고 볼 수 있다. 평화협정 이후 '개선된' 민주주의적 정치 환경이 마야 운동을 결집시켜 원주민 중심의 정치 정당을 만들어낼 수 있을 것이라는 희망은 멘츄의 희망 사항으로 그쳤을 뿐이다. 현재 과테말라에는 2008년 멘츄를 중심으로 만들어진 원주민 정당 위낙(WINAQ)*이 있을 뿐이며 2011년 과테말라 대

---

* 위낙(WINAQ)은 키체어로 '어른'이라는 의미로 해석할 수 있다. 종종 '통치자', 혹은 '수장'이라는 말로도 번역된다.

통령 선거에 후보로 출마했던 그녀는 약 3%의 득표율을 얻는 데 그
쳤다.

과테말라 원주민들의 열악한 사회경제적 조건이 과거와 크게 다
르지 않은 상황에서 '문화적 권리'를 우선하는 원주민 운동이 대중과
의 괴리가 생기는 것은 어쩌면 당연한 일이다. 헤일(2004)의 표현처럼
과테말라 제도권 내 "허락된 인디오(indio permitido)"가 할 수 있는 최
선의 '전략'은 국가 기구를 장악한 소수 과두지배 계층의 '심기'를 건
드리지 않는 수준에서 문화적 권리만을 '요구'하는 것이다.

리고베르타 멘츄(Rigoberta Menchú)

그 결과 36년 내전 동안 가공할 만한 국가 폭력으로 수많은 마야
공동체가 파괴되고 18만 명 이상의 원주민이 희생되었지만, 96년 평
화협정 전후로 하여 문화권리 중심의 과테말라 원주민 운동은 새로
운 동력으로 확산되거나 또 다른 사회적 대안 세력으로 성장하지 못
하고 있다. 오히려 기득권 세력과의 정치적 타협을 통해 제도권 내의
진입을 우선시하여 현재 과테말라 사회의 기존 질서에 순응하는 체

제 편입적인 운동에 머물러 있는 실정이다.

그렇다면 이 같은 새로운 방향의 마야 원주민 운동이 얻은 정치적 성과는 무엇인가. 2000년대 초반 과테말라 인구의 절반 이상은 마야 원주민으로 이루어져 있으나 국회 의석수는 10% 내외를 이루고 있을 뿐이다. 여전히 원주민 공동체와 같은 대중적 기반을 두고 활동하는 많은 원주민 운동가들은 정당을 통해 그들의 문제를 해결할 수 있을 것이라는 사실에 회의적이다. 또한 정치에 참여하는 과테말라 원주민들은 스스로를 '마야'인의 정체성이 아닌 과테말라 '시민'으로 규정하고 라디노 중심의 정당을 통해 정치에 입문하는 역설적인 상황이 벌어지기도 한다. 지난 2011년 원주민 인구 구성이 약 80%에 달하는 치말테낭고(Chimaltenanco)에서 열린 총선에서 5명의 국회의원 중 1명만의 원주민이 선출되었을 뿐이다.

과테말라 의회에 진출한 원주민들의 존재는 그들 마야인들의 정치적 비전이나 역할에 대한 기대감을 높이는 것이 아니라, 과테말라 제도권 정당 정치의 정당성을 강화하는 상징적인 기제로만 작용하고 있다는 믿음이 지배적이다. 이에, 헤일(2002)의 다음과 같은 주장은 큰 설득력을 가질 수밖에 없다. "원주민을 정치에 참여시키려는 정당들의 노력은 결국 다문화주의 담론을 기반으로 하는 급진적인 사회적 개혁에 대한 요구를 차단하는 역할을 하고 있는 것에 불과하다."

나가는 말
: 마야 원주민 운동의 현재와 미래에 대하여

  본 장의 결론을 대신하여 필자는 과테말라 마야 원주민 운동에 대한 전망을 현재 다른 라틴아메리카 국가에서 일어나고 있는 원주민 운동의 사례들에 견주어 간략하게 살펴보는 것으로 대신하고자 한다. 우선 원주민이 전체 인구의 과반수를 차지하고 있으며 식민지 시기 이후 사회정치적으로 소외되어온 계층이라는 점에서 볼리비아와 과테말라의 객관적인 조건은 유사하다고 할 수 있다. 그러나 원주민 운동의 정치세력화라는 측면에서 본다면 두 나라의 경우는 매우 다르다. 볼리비아가 원주민 운동을 비롯한 다양한 사회운동에 기초한 정당을 통해 국가 권력의 중심을 형성하는 데 성공한 반면, 과테말라는 멘츄라는 개인의 국제적인 '유명세'에 매몰된 운동으로 후퇴했기 때문이다.

  예컨대 인구 구성에서 원주민이 다수인 조건에서 원주민들의 사회 공동체 조직을 기반으로 하는 다양한 사회운동과의 연대를 통해 원주민 대통령 모랄레스(Molales)를 대통령으로 만든 볼리비아처럼, 과테말라에서는 계급적 정치 전망이 전혀 출현하지 않고 있다. 오히려 노벨 평화상 수상을 통해 부각된 멘츄라는 개인으로 마야 원주민 운동의 동력과 전망이 귀결되고 있는 실정이다. 이는 멘츄가 지난 2011년 대통령 선거 유세에서 그녀의 대중적 '호소'의 내용을 보면 쉽게 짐작할 수 있다. 동시에 그의 호소가 큰 설득력을 잃는 지점이 기도 하다: "나는 과테말라의 상징이고, 평화의 상징이며, 가난한 이들의 상징이다. 그래서 나는 대통령이 되어야 한다."

볼리비아 원주민 운동은 원주민 공동체를 기초로 하면서도 원주민 고유의 '문화적' 권리에 매몰되지 않고 노조, 농민조합 등의 다양한 사회운동을 만들어나가면서 이들을 정치적으로 결집하여 정치권력의 중심으로 발전한 사례라고 할 수 있다. 반면 과테말라는 내전에서 경험한 대량 학살의 공포 속에서 계급 정치를 회피하고 해외 NGO와 국제 협력 기구의 지원과 후원 아래 문화적 권리에 머물러 있는 탈계급적 원주민 운동으로 나아가고 있다.

그 결과 정치적으로는 노벨 평화상 수상 경력이 있는 멘츄와 같은 개인 인물 중심의 운동이 발전하고 그녀의 대통령 출마는 실질적인 정권 교체의 성과보다는 과테말라 내 개선된 민주주의 분위기를 국제적으로 '증명해주는' 효과만을 내는 상징적인 퍼포먼스 이상의 역할을 하지 못하고 있다.

이는 과테말라 원주민 다수의 삶과 괴리된 '잘 작동되지 않고 있는' 제도권 정치에 대한 정당성을 거꾸로 부여하고 있는 것은 아닌지 의문이 되는 대목이다. 정치가 정작 과테말라 원주민 대중을 대변하는 사회개혁의 의지와 동떨어진, 결과적으로는 과테말라 과두 기득권 세력의 정당 정치를 정당화해주고, 동시에 원주민의 열악한 사회경제적 조건에 대한 이슈를 은폐하는 '효과'를 가져오기 때문이다.

뿐만 아니라 멕시코의 사파티스타의 경우처럼 자신들의 고유한 문화와 생활 세계를 기반으로 중앙 국가로부터 완전에 가까운 자치를 요구하며 국가기구의 통제로부터 벗어나 급진적인 자치주의를 실현시키는 방식의 대중 운동 역시 과테말라에서는 쉽지 않아

보인다.

현재 과테말라 원주민 운동은 볼리비아처럼 원주민을 정치세력화하여 국가 권력을 지향하는 정치 운동으로 발전하거나 혹은 멕시코의 사파티스타 운동과 같이 원주민에 대해 억압적인 국가로부터 해방되어 급진적인 원주민 자치주의를 주장하는 방향으로 나아갈 수 있는 가능성은 희박해 보인다. 과테말라 원주민 운동은 원주민에 대한 계급적, 정치적 동원에도 실패하고 있으며, 동시에 고유한 생활세계에 근거한 근대 국가의 법체계가 강요하는 생활양식을 거부하는 강력한 자치 실현의 측면에서도 성과를 보여주지 못하고 있다. 평화협정 전후로 하여 과테말라 원주민 운동이 문화중심의 탈계급적 온건화 노선을 택하면서, 한편으로 열악한 사회경제적 조건을 개선하려는 동력을 상실하고, 다른 한편으로는 마야문화를 국가 '이미지화' 전략으로 삼고 있는 정부 기구의 정치 전략의 '수단'으로서 관제 대변 기구의 역할에 머물러 있다고 볼 수 있다.

이는 결과적으로 내전 과정에서 인종 학살과 제노사이드를 경험한 공포가 구성하는 역사적 요인들을 감안하더라도, 이것이 문화주의에 매몰된 계급성을 상실한 과테말라 원주민 운동의 한계를 보여주는 단면이라고 할 수 있을 것이다.

라틴아메리카 원주민의 어제와 오늘

초판 1쇄 발행 2016년 6월 30일

지은이 구경모, 안태환, 이태혁, 임두빈, 정이나, 차경미
펴낸이 강수걸
편집장 권경옥
편집 윤은미 정선재
디자인 권문경 구혜림
펴낸곳 산지니
등록 2005년 2월 7일 제14-49호
주소 부산광역시 연제구 법원남로15번길 26 위너스빌딩 203호
전화 051-504-7070 | 팩스 051-507-7543
홈페이지 www.sanzinibook.com
전자우편 sanzini@sanzinibook.com
블로그 http://sanzinibook.tistory.com

ISBN 978-89-6545-362-8 03300

* 책값은 뒤표지에 있습니다.
* 이 저서는 2008년 정부(교육과학기술부)의 재원으로 한국연구재단의 지원을 받아
  수행된 연구입니다.(NRF-2008-362-A00003)
* 이 도서의 국립중앙도서관 출판예정도서목록(CIP)은 서지정보유통지원시스템 홈
  페이지(http://seoji.nl.go.kr)와 국가자료공동목록시스템(http://www.nl.go.kr/
  kolisnet)에서 이용하실 수 있습니다.(CIP제어번호 : CIP2016015241)

:: 산지니가 펴낸 책 ::

브라질 광고와 문화 라틴아메리카 문화지도 01

이승용 지음 │ 신국판 264쪽

브라질 광고에 담긴 브라질 사람들의 생각과 문화

저자는 우리와 전혀 달라 다소 낯설게 느껴질 수 있는 브라
질 문화를 다양한 광고의 사례로 접근한다. 광고를 대하는
브라질 사람들의 태도로 복잡하게 얽혀 있는 브라질 사람들
의 속내까지 알아본다.

브라질 흑인의 역사와 문화 중남미지역원 학술총서 25

이광윤 지음 │ 신국판 292쪽

축구에서 삼바까지, 브라질의 대표 문화에는 모두 흑인의
삶이 담겨 있다. 300년간 지속된 노예제도가 브라질이라는
국가를 어떻게 가능하게 하였으며, 흑인 문화였던 삼바, 카
니발 등이 어떻게 국가를 대표하는 문화가 되었는지를 다
룬다.

사막의 기적? 중남미지역원 학술총서 23

칠레 북부 흥망성쇠의 문화와 지역개발신화

조경진 지음 │ 신국판 292쪽   *2015 대한민국학술원 우수도서

칠레 북부 사람들의 개인사와 지방사, 역사를 한 편의 소설
처럼 흥미롭게 풀어낸 책으로 한국 사회 속에 남아 있는 개
발신화에 대해 질문을 던지고 있다.

라틴아메리카의 언어적 다양성과 언어정책

중남미지역원 학술총서 24   *2015 대한민국학술원 우수도서

김우성 지음 │ 신국판 276쪽

스페인어, 포르투갈어, 프랑스어, 영어, 네덜란드어 등 다양
한 언어가 사용되는 라틴아메리카 지역의 언어상황과 다민
족으로 구성된 이들의 문화, 정책 등을 되짚어 보는 책이다.
특히 중남미 각국의 독자적인 언어규범 확립에 대한 노력을
엿볼 수 있다.

라틴아메리카의 과거청산과 민주주의

중남미지역원 학술총서 22 │ 노용석 지음 │ 신국판 224쪽

과테말라와 엘살바도르 등 중미(Central America) 지역을 중심으로 라틴아메리카에서 일어난 민간인 학살과 과거청산, 민주주의 복원 과정을 서술하였다. 과거사를 지나간 일이 아니라 현재의 정치현실로 받아들이는 라틴아메리카 여러 국가의 모습을 통해 한국 사회를 되돌아볼 수 있으며, 과거청산이라는 문제가 현재의 민주주의와 어떤 형식으로 결부되어 있는가를 밝힌다.

멕시코를 맛보다 라틴아메리카 문화지도 02

최명호 지음 │ 신국판 320쪽

멕시코의 대자연이 주는 식재료, 언제나 농담하며 밝게 웃는 사람들, 작렬하는 태양, 갓 짠 주스와 함께하는 멕시코 음식 이야기. 단순한 요리나 맛집 소개에서 벗어나 멕시코 음식에 얽힌 라틴문화와 역사까지 깊이 있게 소개하고 있다. 총 4파트로 구성하여, 멕시코 음식 문화부터 코스별, 지역별, 키워드로 보는 멕시코 음식과 문화로 나누어 살펴본다.

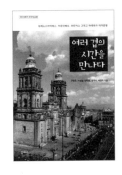

여러 겹의 시간을 만나다 라틴아메리카 문화지도 03

부에노스아이레스, 카르타헤나, 카라카스, 그리고 마테차와 마야문명
구경모, 서성철, 안태환, 정이나, 차경미 지음 │ 신국판 204쪽

다양한 문화가 혼종되어 있는 라틴아메리카에 다가서려면 각 지역의 매력을 알아야 한다. '지역사와 문화'를 중심으로, 라틴아메리카의 대표적 도시와 같은 친숙한 주제를 통해 중남미의 오늘을 구성하는 시공간을 소개한다.